Kauderwelsch

Band 84

Warum Spanisch für Argentinien?

Spanisch ist die offizielle Landessprache von 18 Staaten Lateinamerikas. Jedoch unterscheidet sich das Spanisch der Neuen Welt, genauer gesagt das **Castellano** - also jene Sprache, die ursprünglich in Kastilien gesprochen wurde -, von dem Spanisch Spaniens. Ein hervorstechender Unterschied ist beispielsweise der Wegfall des spanischen **vosotros** (ihr); statt dessen wird **ustedes** (sie) verwendet. Dadurch bedingt, entfällt auch die Verbform für "ihr".

Darüber hinaus haben sich in jedem lateinamerikanischen Land mit Castellano als Landessprache spezifische Besonderheiten herausgebildet, die nicht nur die Aussprache betreffen, sondern vor allem den Wortschatz und einige grammatikalische Details, z. B. ist in Argentinien das spanische **tú** (du) nicht gebräuchlich. Statt dessen lautet die vertrauliche Anrede **vos.** Hinzu kommt der Einfluß von Indiosprachen, die je nach Verbreitung die jeweilige Landessprache bereichert haben.

In vielen vergleichbaren Situationen drückt sich ein Venezolaner also anders aus als ein Guatemalteke, ein Argentinier anders als ein Mexikaner.

Der Kauderwelsch-Band "**Spanisch für Argentinien**" trägt diesen Feinheiten und sprachlichen Besonderheiten Rechnung. Er richtet sich sowohl an diejenigen, die noch keine Spanisch-Vorkenntnisse haben, als auch an jene, die vor allem etwas über typische Bezeichnungen und Ausdrucksweisen Argentiniens wissen möchten, um sich im Land entsprechend zu verständigen.

Weitere Kauderwelsch-Bände für Lateinamerika

Spanisch für Lateinamerika
Spanisch für Guatemala
Spanisch für Mexiko (in Vorbereitung)
Spanisch für Venezuela
Brasilianisch für Globetrotter
Quechua für Peru-Reisende
Patois für Jamaika

Kauderwelsch

Spanisch für Argentinien

O'Niel V. Som

Kauderwelsch Band 84
Spanisch für Argentinien
von O'Niel V. Som

Peter Rump Verlags- und Vertriebsges. mbH
Hauptstraße 198
D-33647 Bielefeld (Brackwede)

1. Auflage 1993
ISBN 3-89416-275-9

Gestaltung:
Peter Rump

Bearbeitung:
Claudia Schmidt

Fotos:
Eliane Marin Faganello (S. 77, 134),
der Autor (alle anderen)

Druck, Bindung:
Fuldaer Verlagsanstalt GmbH, Fulda

PRINTED IN GERMANY

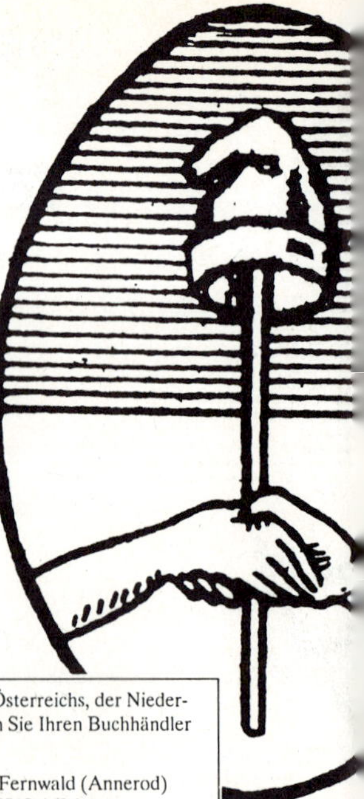

Inhalt

Kauderwelsch - Sprechführer sind anders!

Warum? Weil sie Sie in die Lage versetzen, wirklich zu sprechen und die Leute zu verstehen.

Wie wird das gemacht? Abgesehen von dem, was jedes Sprachbuch bietet, nämlich Vokabeln, Beispielsätze etc., zeichnen sich die Bände der Kauderwelsch-Reihe durch folgende Besonderheiten aus.

- Die **Grammatik** wird in einfacher Sprache so weit erklärt, daß es möglich wird, ohne viel Paukerei mit dem Sprechen zu beginnen, wenn auch nicht gerade druckreif.
- Alle Beispielsätze werden doppelt ins Deutsche übertragen: zum einen **Wort-für-Wort,** zum anderen in "ordentliches" Hochdeutsch. So wird das fremde Sprachsystem sehr gut durchschaubar. Denn in einer fremden Sprache unterscheiden sich z. B. Satzbau und Ausdrucksweise recht stark vom Deutschen. Ohne diese Übersetzungsart ist es so gut wie unmöglich, einzelne Wörter in einem Satz auszutauschen.
- Die **Autorinnen** und **Autoren** der Reihe sind Globetrotter, die die Sprache im Land selbst gelernt haben. Sie wissen daher genau, wie und was die einfachen Leute auf der Straße sprechen. Deren Ausdrucksweise ist nämlich häufig viel einfacher und direkter als z. B. die Sprache der Literatur.
- Besonders wichtig sind im Reiseland die **Körpersprache, Gesten, Zeichen und Verhaltensregeln,** ohne die auch Sprachkundige kaum mit Menschen in guten Kontakt kommen. In allen Bänden der Reihe wird darum besonders auf diese Art der nonverbalen Kommunikation eingegangen.

Kauderwelsch-Sprachführer sind keine Lehrbücher, aber viel mehr als Sprachführer! Wenn Sie ein wenig Zeit investieren und einige Vokabeln lernen, werden Sie mit ihrer Hilfe in kürzester Zeit Informationen bekommen und Erfahrungen machen, die "taubstummen" Reisenden verborgen bleiben.

Vorwort

Das Spanisch Argentiniens unterscheidet sich erheblich vom europäischen Spanisch. Die typischen Abweichungen betreffen auch Uruguay und Paraguay, weshalb man sowohl linguistisch wie auch geographisch diese drei Länder als **Río-de-la-Plata-Staaten** zusammenfaßt. In der Geschichte Südamerikas bildeten diese Staaten tatsächlich einmal eine Einheit. So ist es nicht verwunderlich, daß die meisten Wörter und Redewendungen in allen drei Ländern gleich sind.

Argentinien ist ein Land der Gegensätze. Im Süden, in Bariloche, kann man im Winter Ski fahren, während man sich im Sommer an den Stränden von **Mar del Plata** sonnt. Ebenso groß sind die kulturellen Unterschiede zwischen der Hauptstadt, den Provinzen und der kaum besiedelten weiten Pampa.

Im Norden Argentiniens wird in den Provinzen **Santiago del Estero** und teilweise in **Jujuy** noch **Quichua** gesprochen, das eine Variante des **Quechua** der peruanischen Inkas darstellt. So ist ein Teil dieses Buches dem Quichua gewidmet, da die indianischen Wurzeln ein wesentlicher Bestandteil der argentinischen Kultur sind. Argentinien besteht nicht nur aus den **porteños,** den Einwohnern von Buenos Aires, die meist europäische Vorfahren haben.

In den argentinischen Provinzen Corrientes, **Formosa,** teilweise im **Chaco,** ebenso wie in ganz **Paraguay** und in Teilen Brasiliens wird neben Castellano eine andere indianische Sprache, das **Guaraní,** gesprochen.

Wer bereits Spanischkenntnisse besitzt, wird bald selbst feststellen, wie unterschiedlich das Castellano "auf der Straße" ist. Ein Tip: Nicht schüchtern sein und alles Gelernte sofort ausprobieren, auch wenn man sich anfangs noch nicht perfekt ausdrücken kann. Nur indem man auch mit den Leuten in der Sprache redet, kann man Argentinien aus einem anderen Blickwinkel als dem eines "normalen" Touristen kennenlernen.

Viel Spaß und **buen viaje** (gute Reise)!

Hinweise zur Benutzung

Der Kauderwelsch-Band "Spanisch für Argentinien" ist in **drei wichtige Abschnitte** gegliedert:

● Die **Grammatik** beschränkt sich auf das Wesentliche und ist so einfach gehalten wie möglich. Deshalb sind auch nicht sämtliche Ausnahmen und Unregelmäßigkeiten der Sprache erklärt. Wer nach der Lektüre gerne noch tiefer in die Grammatik des argentinischen Spanisch eindringen möchte, findet im Anhang eine Liste mit weiterführenden Lehrbüchern. Natürlich kann man die Grammatik auch überspringen und sofort mit dem Konversationsteil beginnen. Wenn dann Fragen auftauchen, kann man immer noch in der Grammatik nachsehen.

● **Konversation:** In diesem Teil finden Sie Sätze aus dem Alltagsgespräch, die Ihnen einen ersten Eindruck davon vermitteln sollen, wie die spanische Sprache "funktioniert" und die Sie auf das vorbereiten sollen, was Sie später in Argentinien hören werden.

● Jede Sprache hat ein typisches Satzbaumuster. Um die sich vom Deutschen unterscheidende Wortfolge spanischer Sätze zu verstehen, ist die **Wort-für-Wort-Übersetzung** in etwas kleinerer Schrift gedacht. Jedem spanischen Wort entspricht ein Wort in der Wort-für-Wort-Übersetzung. Wird *ein* spanisches Wort im Deutschen durch *mehrere* Wörter übersetzt, werden diese in der Wort-für-Wort-Übersetzung mit einem Bindestrich verbunden, z. B.:

Hay un hotel por acá?
es-gibt ein Hotel durch hier
Gibt es hier ein Hotel?

Werden in einem Satz mehrere Wörter angegeben, die man untereinander austauschen kann, steht ein Schrägstrich zwischen diesen:

Soy alemán / suizo / austriaco.
(ich-)bin deutsch / schweizerisch / österreichisch
Ich bin Deutscher / Schweizer / Österreicher.

In Sätzen mit dem Tätigkeitswort "sein" macht es einen Unterschied, ob eine Frau oder ein Mann den betreffenden Satz spricht, ob eine Frau oder ein Mann angesprochen wird, oder ob man über eine Frau oder einen Mann spricht. Im spanischen Satz und in der Wort-für-Wort-Übersetzung werden beide Formen wie folgt angegeben:

Estoy cansado / cansada.
(ich-)bin müde(m/w)
Ich bin müde.

Hier spricht ein Mann die Variante vor dem Schrägstrich, eine Frau jedoch die Form nach dem Schrägstrich! Näheres dazu steht im Kapitel "Sein & Haben".

Mit Hilfe der Wort-für-Wort-Übersetzung können Sie bald eigene Sätze bilden. Sie können die Beispielsätze als Fundus von Satzschablonen und -mustern benutzen, die Sie selbst Ihren Bedürfnissen anpassen. Um Ihnen das zu erleichtern, ist ein erheblicher Teil der Beispielsätze nach allgemeinen Kriterien geordnet ("grüßen / verabschieden", "danken, bitten" usw.). Mit etwas Kreativität und Mut können Sie sich neue Sätze "zusammenbauen", auch wenn das Ergebnis nicht immer grammatikalisch perfekt ausfällt.

Die **Wörterlisten** am Ende des Buches helfen Ihnen dabei. Sie enthalten einen Grundwortschatz von je ca. 1000 Wörtern Deutsch-Spanisch und Spanisch-Deutsch, mit denen man schon eine ganze Menge anfangen kann.

Das Spanisch Argentiniens

Im Gegensatz zum Spanisch Spaniens werden in Argentinien **z, ce, ci** nicht gelispelt oder wie das englische "th" ausgesprochen. **Y** und **ll** werden in Argentinien wie "sch" ausgesprochen und nicht "j" wie im Spanischen. Das **-s** am Silbenende wird im Argentinischen anders als in Spanien verschluckt oder nur gehaucht.

Ein weiterer markanter Unterschied des argentinischen Spanisch zum Spanisch Spaniens ist die Verwendung der persönlichen Fürwörter **vos** (du) und **ustedes** (ihr) anstelle der spanischen **tú** (du) und **vosotros** (ihr). **Vos** hat darüber hinaus eine eigene Verbform, die es im Spanischen nicht gibt; sie ist eine Variante der spanischen Form für die 2. Person Mehrzahl ("ihr"). **Ustedes** heißt eigentlich "sie" (Mehrzahl); dadurch bedingt verwendet man hier dieselbe Verbform wie für die 3. Person Mehrzahl. Das bedeutet, daß es im Argentinischen keine Verbform für die 2. Person Mehrzahl ("ihr") gibt.

Die Verkleinerungsformen auf **-ito** werden in Argentinien häufiger verwendet als in Spanien, die Steigerung der Eigenschaftswörter mit **re-** ist in Spanien nicht gebräuchlich.

Die weiteren Unterschiede zum Spanisch Spaniens betreffen den Wortschatz:

Der alltägliche Wortschatz Argentiniens kennt zum Teil ganz andere Bezeichnungen als das Spanisch Spaniens:

	Argentinien:	Spanien:
Auto	**auto**	**coche**
beeilen, sich	**apurarse**	**darse prisa**
Benzin	**nafta**	**gasolina**
Bohne, grüne	**chaucha**	**judía**
Bus	**colectivo**	**autobús**
Fahrkarte	**boleto**	**billete**
hübsch	**lindo**	**bonito**
Jacke	**campera**	**chaqueta**
Kneipe	**boliche**	**taberna**
Krankenkasse	**obra social**	**caja de enfermedad**
Kugelschreiber	**birome**	**bolígrafo**
Rock	**pollera**	**falda**

Einige Bezeichnungen haben im Argentinischen im Laufe der Zeit eine andere Bedeutung erhalten, z. B.:

	Argentinien:	Spanien:
coger	ficken	nehmen
joder	Ärger haben	ficken
acá	hier	hierher
allá	da	dorthin
manteca	Butter	Fett
plata	Geld	Silber

Hier einige Ausdrücke aus dem **"Lunfardo"** ("Knastjargon") aus Buenos Aires, die in vielen alten Tangos verwendet werden. Viele Begriffe bestehen aus verdrehten spanischen Wörtern, z. B. **patron > trompa** (Arbeitgeber). Auch wenn man diese Ausdrücke gelegentlich zu hören bekommt, wird man sie selbst kaum anwenden können.

la cometa	das Essen
darle a la sin hueso	zuviel schwatzen
debute, a la guarda	ausgezeichnet
la mosqueta	die Knete (Geld)
mishé	Freier
mistongo	sehr arm
raspa, lunfa	Dieb, Gauner
trompa	Arbeitgeber
shusheta	hübsch

Der Wortschatz im Gebiet des Río de la Plata ist von den indianischen Sprachen **Quichua** (Inka) und **Guaraní** beeinflußt, ohne daß sich die Sprecher dessen bewußt sind:

cancha	Sportplatz	(Quichua: "Licht, Platz")
zapallo	Kürbis	(Quichua: "dicke Frucht")
chacra	kleine Farm	(Quichua: "Feld")
pampa	Weideland	(Quichua: "Ebene")

Aussprache & Betonung

Das Castellano wird sehr schnell gesprochen, und es ist oft nicht leicht, einer Diskussion zu folgen, besonders wenn sie auf der Straße oder mit mehreren Personen gleichzeitig stattfindet. Die Aussprache ist dagegen recht einfach. In der folgenden Liste sind vor allem die Buchstaben berücksichtigt, deren Aussprache vom Deutschen abweicht.

Selbstlaute (Vokale)

Die Selbstlaute werden immer deutlich (einzeln) ausgesprochen, und auch nicht zusammengezogen, wenn mehrere nacheinander stehen. Sie werden auch nicht wie im Deutschen in die Länge gezogen.

Laut	Aussprache	Beispiel "*Lautschrift*"
ie	wie "i-ä", jeder Selbstlaut wird deutlich ausgesprochen	**miel** "*miäl*" (Honig)
ue	deutlich getrennt gesprochen wie "u-ä"	**fuerte** "*fuärte*" (stark)
ei	deutlich getrennt gesprochen wie "ä-i"	**treinta** "*träinta*" (dreißig)

Kauderwelsch-Kassette

Falls Sie sich die Sätze, die in diesem Buch vorkommen, einmal von einem Argentinier gesprochen anhören möchten, dann können Sie sich die **Kauderwelsch-Begleitkassette** zu diesem Buch besorgen. Jeder Buchhändler kann sie beziehen. Sie bekommen sie aber auch beim Peter-Rump-Direktversand. Die Adresse steht vorne im Impressum. Kostenpunkt: DM 14.80 plus DM 3.00 für Porto und Verpackung

Mitlaute (Konsonanten)

ch	stimmloses "tsch" wie in "Ma**tsch**"	**mucho** "*mutscho*" (viel)
h	nicht hörbar!	**helado** "*elado*" (Eis)
j	wie "ch" in "Ba**ch**", in manchen Gegenden wie "h" in "**H**aus"	**jugo** "*chugo*" (Saft)
ll	stimmhaftes "sch" wie zweites "g" in "Gara**g**e"	**lleno** "*scheno*" (voll)
ñ	wie "nj" in "Ta**nj**a"	**baño** "*banjo*" (Toilette)
qu	wie "k"	**qué?** "*ke*" (was?)
s	stimmloses, deutliches "ss" wie in "Masse"; am Silben- oder Wortende wird **s** oft nur gehaucht oder sogar ganz verschluckt, besonders in der Kombination **sp** und **st**	**sí** "*ssi*" (ja); **este** "*ehte*" od. "*ete*" (dieser), **¿viste?** "*wihte*" od. "*wite*" (hast du gesehen?), **los** "*loh*" od. "*lo*" (die)
v	wie "w" in "**W**ein"	**vino** "*wino*" (Wein)
y	Steht das **y** alleine oder am Wortende, wird es wie "i" gesprochen; sonst genauso wie **ll:** ein stimmhaftes "sch", s.o.	**y** "*i*" (und); **yo** "*scho*" (ich)
z	genauso wie **s:** ein stimmloses, deutliches "ss"; wie **s** (s.o.) wird **z** am Silben- oder Wortende oft nur gehaucht oder sogar ganz verschluckt.	**zapato** "*ssapato*" (Schuh); **conozco** "*konohko*" od. "*konoko*" (ich kenne), **vez** "*weh*" od. "*we*" (Mal)

Bei **g** und **c** richtet sich die Aussprache nach dem darauf folgenden Selbstlaut:

Laut	Aussprache	Beispiel "*Lautschrift*"
c	vor **a, o, u** und Mitlauten wie "k"	**cama** "*kama*" (Bett), **como** "*komo*" (wie), **culpa** "*kulpa*" (Schuld)
	vor **e** und **i** wie stimmloses "ss" in "Masse"	**cena** "*ssena*" (Abendessen), **cine** "*ssine*" (Kino)
g	vor **a, o, u** und Mitlauten wie "g";	**gato** "*gato*" (Katze), **gordo** "*gordo*" (dick), **guante** "*guante*" (Handschuh);
	gue wie "ge"; **gui** wie "gi"	**guerra** "*gerra*" (Krieg); **guitarra** "*gitarra*" (Gitarre)
	vor **e** und **i** wie deutlich hörbares "h", in manchen Gegenden wie "ch" in "**ich**"	**gente** "*hente*" (Leute)
	Sehr selten ist die Kombination **güe** und **güi:** Das **ü** wird wie **u** gesprochen und bekommt nur deshalb zwei Pünktchen, weil es mitgesprochen wird!	**vergüenza** "*werguenssa*" (Schamgefühl)

Betonung

● Meistens wird die vorletzte Silbe betont. Das ist immer dann der Fall, wenn das Wort auf **n, s** oder einem Selbstlaut endet.

hablan	*"ablan"*	sie sprechen
vamos	*"wamos"*	wir gehen
boliche	*"bolitsche"*	Kneipe
bailable	*"bailable"*	Disco

● Wörter, die auf einem anderen Mitlaut enden, werden auf der letzten Silbe betont.

facultad	*"fakultad"*	Universität
trabajar	*"trabahar"*	arbeiten

● Ist ein Selbstlaut mit einem Akzent versehen, wird diese Silbe betont. Außerdem sind alle Fragewörter mit Akzenten versehen. Akzente stehen auch zur Unterscheidung bei gleichlautenden Ausdrücken mit unterschiedlicher Bedeutung, z. B.:

avión	*"awion"*	Flugzeug
¿cuándo?	*"kuando"*	wann?
¿por qué?	*"porke"*	warum?
porque	*"porke"*	weil
mi	*"mi"*	mein
mí	*"mi"*	mich
de	*"de"*	von
dé!	*"de"*	geben Sie!

Rechtschreibung

Nur Namen und das erste Wort im Satz werden groß geschrieben, nicht jedoch die Hauptwörter. Das Frage- und Ausrufezeichen steht zusätzlich auch am Satzanfang, und zwar auf dem Kopf.

Oft werden **v** und **b** verwechselt, darum sagt man beim Buchstabieren: **v corta** (kurzes v) und **b larga** (langes b).

Wörter, die weiterhelfen

Quiero ...

Ich möchte ...

Quiero un pan.
(ich-)will ein Brot
Ich möchte ein Brot.

Quiero agua mineral.
(ich-)will Wasser mineralisch
Ich möchte Mineralwasser.

Quiero un boleto.
(ich-)will eine Fahrkarte
Ich möchte eine Fahrkarte.

Busco ...

Ich suche ...

Busco un hotel. Ich suche ein Hotel.
Busco un restaurante. Ich suche ein Restaurant.

In diesen Fragesatz (und auch in die folgenden Fragen) kann man die Wörter aus der folgenden Liste unverändert einbauen, z. B.:

una farmacia	eine Apotheke	**una tienda**	ein Geschäft
un médico	ein Arzt	**el consulado**	das Konsulat
un banco	eine Bank	**el hospital**	das Krankenhaus
la embajada	die Botschaft (dipl.)	**la policia federal**	die Polizei
el colectivo, el micro	der Bus	**el correo**	die Post
el aeropuerto	der Flughafen		

¿Hay ...?

Gibt es ...?

¿Hay café?
es-gibt Kaffee
Gibt es Kaffee?

¿Hay un hotel por acá?
es-gibt ein Hotel durch hier
Gibt es hier ein Hotel?

Die Antworten darauf lauten möglicherweise:

Sí, hay.	Ja, es gibt.
No, no hay.	Nein, gibt es nicht.

Hay (es gibt) ist eine unpersönliche Form und bezeichnet das allgemeine 'Vorhandensein'; deshalb tritt es nur mit unbestimmten Hauptwörtern auf.

¿Dónde hay ...? Wo gibt es ...?

¿Dónde hay una farmacia? Wo gibt es eine Apotheke?
wo es-gibt eine Apotheke
¿Dónde hay un banco? Wo gibt es eine Bank?
wo es-gibt eine Bank
¿Dónde hay un teléfono? Wo gibt es ein Telefon?

¿Dónde está ...? Wo ist ...?

¿Dónde está el baño? Wo ist die Toilette?
¿Dónde está el correo? Wo ist die Post?
¿Dónde está la parada? Wo ist die Haltestelle?

Bei Richtungsangaben sollte man auch auf Handbewegungen achten!

a la derecha	(nach) rechts	**a la izquierda**	(nach) links
acá, aquí	hier	**allá, allí**	dort
cerca	nah, in der Nähe	**lejos**	weit; weiter
todo derecho	geradeaus	**a la vuelta, atrás**	zurück
el semáforo	die Ampel	**el cruce**	die Kreuzung

¿Tiene ...? Haben Sie ...?

¿Tiene una pieza libre? Haben Sie ein freies Zimmer?
(Er-/Sie-)hat ein Zimmer frei

Die Antwort darauf lautet möglicherweise:

Sí, tengo.	Ja, habe ich.
No, no tengo.	Nein, habe ich nicht.

¿Cuánto sale ...?	Wieviel kostet ...?

¿Cuánto sale un boleto?	Wieviel kostet eine Fahrkarte?
¿Cuánto sale la entrada?	Wieviel kostet der Eintritt?
¿Cuánto sale este libro?	Wieviel kostet dieses Buch?
¿Cuánto sale eso?	Wieviel kostet das da?

Nach dem Preis kann man auch mit **¿cuánto vale ...?** oder **¿cuánto cuesta ...?** fragen. Die Zahlen stehen im Kapitel "Zahlen & Zählen".

por favor / gracias	bitte / danke

Un café con leche, por favor.	Einen Kaffee mit Milch, bitte.
Una coca, por favor.	Eine Coca Cola, bitte.
Una milanesa, por favor.	Ein Schnitzel, bitte.
Una estampilla, por favor.	Eine Briefmarke, bitte.
¡Muchas gracias!	Vielen Dank!

Hauptwörter (Substantive)

Einzahl

Im Castellano gibt es nur männliche oder weibliche Hauptwörter, jedoch keine sächlichen. Dabei stimmt das grammatische Geschlecht nicht immer mit dem des entsprechenden deutschen Hauptwortes überein. Bei Personen gilt das natürliche Geschlecht.

Meistens kann man das Geschlecht an der Wortendung erkennen: Wörter, die auf **-o, -or** oder **-e** enden, sind im allgemeinen männlich (abgekürzt "m"), z. B.:

vino	Wein	**traductor**	Übersetzer
disco	Platte	**peine**	Kamm
hombre	Mann	**chico**	Junge

Wörter auf **-a, -ión** oder **-d** sind meistens weiblich (abgekürzt: "w"):

cerveza	Bier	**libertad**	Freiheit
ciudad	Stadt	**reunión**	Treffen
hermana	Schwester	**chica**	Mädchen

Falls man das grammatische Geschlecht nicht eindeutig an der Endung erkennen kann, ist es immer angegeben. Zu den wichtigen Ausnahmen dieser Regel gehören:

leche (w)	Milch	**día** (m)	Tag
mano (w)	Hand	**avión** (m)	Flugzeug
flor (w)	Blume	**camión** (m)	Lastwagen

Artikel

Wie im Deutschen gibt es bestimmte und unbestimmte Artikel ("der, die, das" bzw. "ein, eine"), die vor den Hauptwörtern stehen.

	bestimmter Artikel		unbestimmter Artikel	
	männlich	weiblich	männlich	weiblich
Ez	**el** der	**la** die	**un** ein	**una** eine
Mz	**los** die	**las** die	**unos** einige	**unas** einige

el chico	der Junge	**la chica**	das Mädchen
un chico	ein Junge	**una chica**	ein Mädchen

Darüber hinaus gibt es den "neutralen" Artikel **lo.** Er kommt aber nur zusammen mit Eigenschaftswörtern vor, z. B. **lo malo** (das Böse), **lo único** (das Einzige).

Mehrzahl

Alle Wörter, die auf einem Selbstlaut enden (also z. B. auf **-a, -e, -o**), hängen in der Mehrzahl einfach ein **-s** an.

los chicos	die Jungen	**las chicas**	die Mädchen
unos chicos	einige Jungen	**unas chicas**	einige Mädchen

Endet das Hauptwort jedoch auf einem Mitlaut, wird **-es** angehängt:

ciudad	Stadt	**avión**	Flugzeug
ciudades	Städte	**aviones**	Flugzeuge

Dieses & Jenes

Die hinweisenden Fürwörter **este** (dieser), **ese** (der da) und **aquel** (jener) stehen immer vor dem Hauptwort, auf das sie sich beziehen, und richten sich in Geschlecht und Zahl nach diesem.

● **este** (dieser): Person / Gegenstand befindet sich nah beim Sprecher

este auto	dieser Wagen	**esta calle**	diese Straße
estos perros	diese Hunde	**estas flores**	diese Blumen

● **ese** (der da): Person / Gegenstand befindet sich relativ nah beim Sprecher

ese árbol	der Baum da	**esa casa**	das Haus da
esos hombres	die Männer da	**esas mujeres**	die Frauen da

● **aquel** (jener): Person / Gegenstand ist weit entfernt vom Sprecher

aquel pueblo	jenes Dorf	**aquella noche**	jene Nacht
aquellos chicos	jene Kinder	**aquellas vacaciones**	jene Ferien

Zu beachten ist, daß die neutralen Grundformen **esto, eso** und **aquello** heißen, wenn sie selbständig verwendet werden (z. B. als Satzergänzung) und nicht wie Eigenschaftswörter mit dem Hauptwort verbunden sind:

¿Qué es esto / eso / aquello?	Was ist dies / das da / jenes?
Esto es un disco.	Dies ist eine (Schall-)Platte.

Eigenschaftswörter (Adjektive)

Eigenschaftswörter richten sich in Geschlecht und Zahl nach dem Hauptwort, auf das sie sich beziehen. Im Gegensatz zum Deutschen stehen sie fast immer hinter dem Hauptwort.

● Eigenschaftswörter auf **-o** bilden die weibliche Form auf **-a** und die Mehrzahl (abgekürzt: "Mz") auf **-os** (männlich) bzw. **-as** (weiblich):

el libro caro
das Buch teuer
das teure Buch

los libros caros
die Bücher teure(Mz)
die teuren Bücher

la camisa cara
das Hemd teuer(w)
das teure Hemd

las camisas caras
die Hemden teure(w,Mz)
die teuren Hemden

● Eigenschaftswörter, die auf **-e** oder einem Mitlaut enden, unterscheiden keine männlichen und weiblichen Formen. In der Mehrzahl enden sie immer auf **-es,** z. B.:

el muchacho alemán
der Junge deutsch
der deutsche Junge

los muchachos alemanes
die Jungen deutschen(Mz)
die deutschen Jungen

la chica dulce
das Mädchen süß
das süße Mädchen

las chicas dulces
die Mädchen süße(Mz)
die süßen Mädchen

Farben

amarillo	gelb	**marrón**	braun
rojo; rosado	rot; rosa	**negro; gris**	schwarz; grau
verde	grün	**blanco**	weiß
azul	blau	**naranja**	orange

Folgende wenige Eigenschaftswörter können auch vor dem Hauptwort stehen. Die männliche Form verliert dabei die Endung.

alguno (irgendein):	**algún libro**	irgendein Buch
ninguno (kein):	**ningún chico**	kein Junge
grande (groß):	**un gran cantante**	ein großer Sänger
bueno (gut):	**buen tiempo**	gutes Wetter
malo (schlecht):	**mal tiempo**	schlechtes Wetter

wichtige Eigenschaftswörter

pobre	arm	**rico**	reich
barato, económico	billig	**caro**	teuer
fino	dünn	**grueso**	dick (Dinge)
simple, fácil, sencillo,	einfach	**difícil**	schwierig
tonto, bobo	dumm	**inteligente**	intelligent
bueno	gut	**malo**	schlecht
claro	hell	**oscuro**	dunkel
jóven	jung	**viejo**	alt (Personen)
nuevo	neu	**viejo**	alt (Dinge)
frío	kalt	**caliente**	heiß
chico	klein	**grande**	groß
bonito, lindo	schön	**feo**	häßlich
corto	kurz	**largo**	lang (Dinge)
despacio	langsam	**rápido**	schnell
ligero	leicht	**pesado**	schwer (Gewicht)
divertido	lustig	**triste**	traurig
aburrido	langweilig	**interesante**	interessant
bajo	klein (Pers.)	**alto**	hoch, groß (Pers.)
correcto	richtig	**falso**	falsch
limpio	sauber	**sucio**	schmutzig
suave	weich	**duro**	hart

Steigern & Vergleichen

steigern

Die erste Steigerungsstufe (Komparativ) bildet man, indem man dem Eigenschaftswort **más** (mehr) voranstellt. Die zweite Steigerungsstufe (Superlativ) wird mit **más** und dem Artikel gebildet.

lindo	**más lindo**	**el mas lindo**
schön	mehr schön	der mehr schön
schön	schönerer	der schönste

Das Eigenschaftswort und der Artikel richten sich in Geschlecht und Zahl nach dem dazugehörigen Hauptwort:

El chico es más lindo.
der Junge (er-)ist mehr schön
Der Junge ist schöner.

La chica es más linda.
das Mädchen (es-)ist mehr schöne(w)
Das Mädchen ist schöner.

Diego es el más lindo.
Diego (er-)ist der mehr schön
Diego ist der schönste.

Eliane es la más linda.
Eliane (sie-)ist die mehr schöne(w)
Eliane ist die schönste.

Eine weitere Steigerungsform (Elativ) bildet man, indem man an das Eigenschaftswort die Endung **-ísimo** (m) bzw. **-ísima** (w) anhängt. Dabei entfällt der letzte Selbstlaut des Eigenschaftswortes.

lindo	**lindísimo**	**lindísima**
schön	sehr schöner	sehr schöne

un chico lindísimo
ein Junge schön-sehr
ein sehr schöner Junge

una chica lindísima
ein Mädchen schön-sehr
ein sehr schönes Mädchen

Eigenschaftswörter kann man auch mit **muy** (sehr) betonen, oder man stellt die Vorsilbe **re-** vor das betreffende Eigenschaftswort:

un libro muy caro
ein sehr teures Buch

una casa muy barata
ein sehr billiges Haus

un libro re-caro
ein sehr teures Buch

una casa re-barata
ein sehr billiges Haus

unregelmäßige Steigerungsformen

chico (klein)	**menor** (kleiner)	**mínimo** (am kleinsten)
grande (groß)	**mayor** (größer)	**máximo** (am größten)
bueno (gut)	**mejor** (besser)	**óptimo** (am besten)
malo (schlecht)	**peor** (schlechter)	**pésimo** (am schlechtesten)

Zu beachten ist, daß **menor** auch "jünger" und **mayor** "älter" bedeutet, wenn es sich auf Personen bezieht. Spricht man über die Körpergröße von Menschen, sagt man **más alto** (höher, größer) und **más bajo** (niedriger, kleiner).

vergleichen

Die Gleichheit von zwei Personen oder Gegenständen, die anhand einer Eigenschaft miteinander verglichen werden, wird mit **tan ... como** (so ... wie) ausgedrückt. Dabei richtet sich das Eigenschaftswort in Zahl und Geschlecht nach dem Satzgegenstand (Subjekt).

Maria es tan alta como Eda.
Maria (sie-)ist so hoch wie Eda
Maria ist so groß wie Eda.

Werden zwei Personen oder Gegenstände anhand einer Tätigkeit gemessen, verwendet man **tanto como** (soviel wie).

Juan Carlos trabaja tanto como Guillermo.
Juan Carlos arbeitet soviel wie Guillermo.

Ungleichheit wird mit **más ... que** (mehr ... als) oder **menos ... que** (weniger ... als) ausgedrückt.

Esta postal es más cara que aquella.
diese Postkarte (sie-)ist mehr teuer als jene
Diese Postkarte ist teurer als jene.

Persönliche Fürwörter

yo	ich	**nosotros / nosotras**	wir (m/w)
vos	du	**ustedes**	ihr
él	er	**ellos**	sie (m)
ella	sie	**ellas**	sie (w)
usted	Sie (Ez)	**ustedes**	Sie (Mz)

Anders als im Deutschen unterscheidet man in der Mehrzahl "wir (m)" und "wir (w)". Sprechen Männer nur von sich, sagen sie **nosotros,** Frauen sprechen nur von sich, wenn sie **nosotras** sagen; bei einer gemischten Gruppe heißt es **nosotros.** Ebenso wird "sie (Mz,m)" und "sie (Mz,w)" unterschieden. Für eine gemischte Gruppe verwendet man auch hier die männliche Form: **ellos.**

Meistens sind die persönlichen Fürwörter nicht notwendig, da aus der Endung des Tätigkeitswortes (Verb) die handelnde Person hervorgeht. Zur Betonung wird zusätzlich zum gebeugten Verb auch das persönliche Fürwort verwendet (vgl. Kap. "Tätigkeitswörter").

vos / ustedes

Im Gegensatz zum Spanischen gibt es im Argentinischen nicht "**tú**" (du) und "**vosotros/vosotras**" (ihr, m/w). Statt dessen wird als allgemeine Anrede **vos** (du) bzw. als Anrede mehrerer Personen **ustedes** (ihr; Sie) verwendet. Die förmliche Anrede einer einzelnen Person mit **usted** (Sie) wird in Argentinien nur äußerst selten gebraucht.

Vos hat in der Gegenwart eine eigene Verbform, die eine Variante der Verbform für die 2. Person Mz ("ihr") darstellt; sie ist also nicht mit der spanischen Verbform für die 2. Person Ez ("du") identisch.

Besitzanzeigende Fürwörter

mi	mein	**nuestro, nuestra**		unser, -e
tu	dein	**su**	{	euer
su	sein, ihr			ihr (Mz)

Die besitzanzeigenden Fürwörter sind sehr einfach zu handhaben: Bei **mi, tu, su** wird kein Unterschied zwischen männlichen und weiblichen Hauptwörtern gemacht; Ausnahme ist jedoch **nuestro** (unser). Steht das Hauptwort in der Mehrzahl, hängt man **-s** an das besitzanzeigende Fürwort an. Die besitzanzeigenden Fürwörter stehen immer vor dem Hauptwort, auf das sie sich beziehen:

mi auto	mein Auto	**tu amigo**	dein Freund
mi novia	meine Freundin	**tu hermana**	deine Schwester
mis hijos	meine Kinder	**tus padres**	deine Eltern
nuestro país	unser Land	**sus casas**	seine/ihre/eure Häuser

Tätigkeitswörter (Verben)

Grundform (Infinitiv)

Die spanischen Verben bestehen aus einem Stamm und einer Endung. In der Grundform haben alle spanischen Verben eine der drei folgenden Endungen:

● **-ar:**	**trabajar**	(arbeiten)
● **-er:**	**vender**	(verkaufen)
● **-ir:**	**abrir**	(öffnen)

Gegenwart

Bei der Beugung wird die Endung der Grundform durch die Endung der handelnden Person ("ich, du, er ...") ersetzt.

Je nach Selbstlaut der Endung werden die Verben unterschiedlich gebeugt. Die Unterschiede sind jedoch nur gering. Die Bindestriche in der folgenden Tabelle sollen die Endungen hervorheben.

Wie bereits im Kapitel "Persönliche Fürwörter" erläutert, ist die **vos**-Form ("du") eine Sonderform und ist nicht mit der spanischen Verbform für die 2. Person Einzahl ("du") identisch! Für **ustedes** (ihr, Sie) verwendet man dieselbe Verbform wie für **ellos/ellas.**

	trabaj-ar (arbeiten)	**vend-er** (verkaufen)	**abr-ir** (öffnen)
yo	**trabaj-o**	**vend-o**	**abr-o**
vos	**trabaj-ás**	**vend-és**	**abr-ís**
él, ella	**trabaj-a**	**vend-e**	**abr-e**
nosotros, -as	**trabaj-amos**	**vend-emos**	**abr-imos**
ustedes	**trabaj-an**	**vend-en**	**abr-en**
ellos, ellas	**trabaj-an**	**vend-en**	**abr-en**

Die persönlichen Fürwörter braucht man in der Regel nicht; es sei denn, man will die handelnde Person betonen. In der Wort-für-Wort-Übersetzung ist das persönliche Fürwort in Klammern ergänzt, da man aus dem gebeugten deutschen Verb nicht immer eindeutig auf die handelnde Person schließen kann.

Ella trabaja, pero él no.
sie (sie-)arbeitet, aber er nicht
Sie arbeitet, aber er nicht.

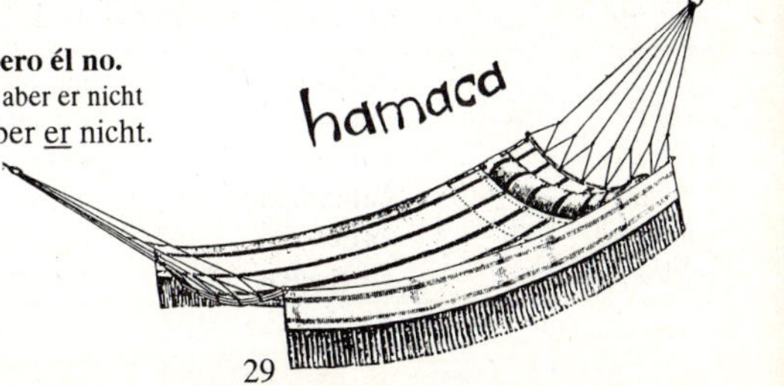

Anrede (Höflichkeitsform)

Es gibt eine förmliche **(usted)** und eine allgemeine **(vos)** Anredeform. Junge Leute und Bekannte duzen sich im allgemeinen, und selbst auf Ämtern oder in Geschäften sagt man meistens **vos** (du).

Das förmliche "Sie" **(usted)** existiert zwar, wird aber in der Umgangssprache nur ganz selten verwendet. Das ist wichtig zu wissen, denn der Gebrauch dieser Höflichkeitsform erzeugt Distanz!

Für die Höflichkeitsformen Einzahl **(usted)** verwendet man die dieselbe Verbform wie für die 3. Person Einzahl ("er"), für die Mehrzahl **(ustedes)** dementsprechend die 3. Person Mehrzahl ("sie").

(vos) hacés	"(du) machst"	du machst
(usted) hace	"(Sie) (er-)macht"	Sie machen
(ustedes) hacen	"(Ihr) (sie-)machen"	Sie machen; ihr macht

Vos, usted und **ustedes** stehen in Klammern, da auch hier der Gebrauch möglich, aber nicht notwendig ist.

unregelmäßige Verben

Einige Verben mit regelmäßigen Endungen verändern den Selbstlaut des Wortstammes. Im Deutschen gibt es das auch, z. B.: "ich gebe" (-e-), aber: "du gibst" (-i-). Davon betroffen sind jeweils nur die Formen, die den Stamm betonen.

yo	**entiendo**	ich verstehe
vos	**entendés**	du verstehst
él / ella	**entiende**	er / sie versteht
nosotros / -as	**entendemos**	wir verstehen
ustedes	**entienden**	ihr versteht
ellos / ellas	**entienden**	sie verstehen

Nach diesem Muster verändern sich auch die folgenden Verben. Der Selbstlaut, der sich verändert, ist in der Liste unterstrichen.

● **-e-** wird zu **-ie-**

cerrar (schließen)
despertarse (aufwachen)
empezar (anfangen)
entender (verstehen)
pensar (denken)
perder (verlieren)
preferir (bevorzugen)
sentarse (sich setzen)
sentir (fühlen, bedauern)

● **-o-** wird zu **-ue-**

almorzar (Mittag essen)
contar (er)zählen)
dormir (schlafen)
encontrar (finden)
morir (sterben)
oler (riechen)
soñar (träumen)
volver (zurückkommen)

Besonders häufig gebrauchte Verben machen im Laufe der Zeit Veränderungen durch, die sich mit Regeln nicht erklären lassen. Da diese Verben sehr nützlich sind, sollte man sie sich gut einprägen:

	ir gehen	**dar** geben	**decir** sagen	**tener** haben	**venir** kommen
yo	**voy**	**doy**	**digo**	**tengo**	**vengo**
vos	**vas**	**das**	**decís**	**tenés**	**venís**
él, ella	**va**	**da**	**dice**	**tiene**	**viene**
nosotros, -as	**vamos**	**damos**	**decimos**	**tenemos**	**venimos**
ustedes	**van**	**dan**	**dicen**	**tienen**	**vienen**
ellos, ellas	**van**	**dan**	**dicen**	**tienen**	**vienen**

Folgende Verben sind nur in der 1. Person Einzahl ("ich") unregelmäßig, während alle übrigen Formen regelmäßig sind. In der zweiten Spalte stehen jeweils die 1. und 2. Person Einzahl ("ich, du"):

caer (fallen)	**caigo, caés ...**
hacer (machen)	**hago, hacés ...**
oir (hören)	**oigo, oís ...**
poner (stellen, legen, setzen)	**pongo, ponés ...**
saber (wissen)	**sé, sabés ...**
salir (aussteigen)	**salgo, salís ...**
traer (bringen)	**traigo, traés ...**
ver (sehen)	**veo, ves ...**

Alle Verben, die auf **-cer** oder **-cir** enden, schieben in der ersten Person Einzahl ein "**z**" ein:

conocer (kennen)	**conozco, conocés ...**
traducir (übersetzen)	**traduzco, traducís ...**

Im Castellano gibt es zum Glück nicht sehr viele unregelmäßige Verben, einige der ganz seltenen sind hier nicht aufgeführt. Eine komplette Liste kann man auch in jedem guten Wörterbuch finden.

Zukunft

Das Castellano ist bei der Zukunft genauer als das Deutsche. Im Deutschen kann man beispielsweise sagen: "Morgen kaufe ich mir eine Zeitschrift." und meint aber "Morgen werde ich mir eine Zeitschrift kaufen". Im Castellano verwendet man immer die Zukunftsform, wenn sich etwas auf die Zukunft bezieht.

Die Konstruktion ist aber sehr einfach: Man beugt das bereits bekannte unregelmäßige Verb **ir** (gehen) in der Gegenwart, und stellt **a** plus der Grundform des Verbs, das man in die Zukunft setzen möchte, nach.

Wörtlich übersetzt bedeuten diese Formen: "ich gehe zu kaufen, du gehst zu kaufen" usw.; aber die echte Bedeutung beinhaltet nicht die Idee des "Gehens" oder "Laufens", sondern einfach "ich werde kaufen, du wirst kaufen" usw.

voy a **vas a** **va a** **vamos a** **van a** **van a**	**comprar**	ich werde du wirst er / sie wird wir werden ihr werdet sie werden	kaufen

Vergangenheit

Im Castellano gibt es verschiedene Vergangenheitsformen, von denen ich nur die wichtigste und am meisten verwendete erklären möchte. Man kann sie für Vorgänge oder Aktionen, die früher stattfanden, verwenden; jedoch nicht für Beschreibungen von längerdauernden Zuständen in der Vergangenheit. Doch es wird fürs erste reichen, wenn man erzählen kann, was passiert ist oder was man gemacht hat. Später kann man mit Hilfe von Lehrbüchern die übrigen Zeiten und die Unterschiede in der Anwendung lernen.

Die Endungen der Verben auf **-ar** unterscheiden sich von denen auf **-er** und **-ir.** Bei allen regelmäßigen Verben der 1. und 3. Person Einzahl ("ich, er/sie") sind die Endungen betont. (Die Bindestriche sollen nur die Endungen deutlich hervorheben.) Das eingeklammerte "s" in den folgenden Tabellen wird als Hauchlaut manchmal mitgesprochen, aber nicht geschrieben.

	trabaj-ar (arbeiten)	**vend-er** (verkaufen)	**abr-ir** (öffnen)
yo	**trabaj-é**	**vend-í**	**abr-í**
vos	**trabaj-aste(s)**	**vend-iste(s)**	**abr-iste(s)**
él, ella	**trabaj-ó**	**vend-ió**	**abr-ió**
nosotros, -as	**trabaj-amos**	**vend-imos**	**abr-imos**
ustedes	**trabaj-aron**	**vend-ieron**	**abr-ieron**
ellos, ellas	**trabaj-aron**	**vend-ieron**	**abr-ieron**

Die 3. Person Mehrzahl ("wir") ist für die Gegenwart und Vergangenheit meistens identisch. **Trabajamos** kann also sowohl "wir arbeiten" als auch "wir arbeiteten" bedeuten; das hängt vom Sinnzusammenhang ab.

Auch in der Vergangenheit sind einige Verben unregelmäßig. Genauer gesagt: Der Stamm verändert sich, aber die Endungen sind regelmäßig. Einziger Unterschied zu den regelmäßigen Verben: Unregelmäßige Verben, die in der 1. Person Einzahl ("ich") auf **-e** enden, werden nie auf der Endung betont.

In der zweiten Spalte stehen die Einzahlformen der Vergangenheit:

andar (gehen, fahren)	**anduve, anduviste(s), anduvo ...**
dar (geben)	**dí, diste(s), dió ...**
decir (sagen)	**dije, dijiste(s), dijo ...**
estar (sein)	**estuve, estuviste(s), estuvo ...**
hacer (machen)	**hice, hiciste(s), hizo ...**
ir (gehen)	**fui, fuiste(s), fue ...**
poder (können)	**pude, pudiste(s), pudo ...**
poner (setzen, stellen, legen)	**puse, pusiste(s), puso ...**
querer (wollen, lieben)	**quise, quisiste(s), quiso ...**
tener (haben)	**tuve, tuviste(s), tuvo ...**
traer (bringen)	**traje, trajiste(s), trajo ...**
venir (kommen)	**vine, viniste(s), vino ...**
ver (sehen)	**ví, viste(s), vió ...**

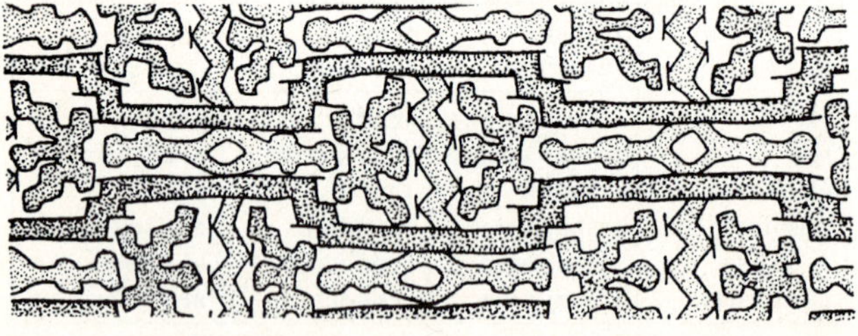

Sein & Haben

sein (ser / estar)

Für das deutsche Hilfsverb "sein" gibt es im Castellano zwei verschiedene Verben, und zwar **ser** und **estar.**

	ser (sein)		**estar** (sein)	
	Gegenwart	Vergangenh.	Gegenwart	Vergangenh.
ich	**soy**	**fui**	**estoy**	**estuve**
du	**sos**	**fuiste(s)**	**estás**	**estuviste(s)**
er/sie	**es**	**fue**	**está**	**estuvo**
wir	**somos**	**fuimos**	**estamos**	**estuvimos**
ihr	**son**	**fueron**	**están**	**estuvieron**
sie	**son**	**fueron**	**están**	**estuvieron**

Das Verb **ser** (sein) wird verwendet, wenn es um unveränderliche Zustände oder wesensmäßige (nicht vorübergehende) Eigenschaften geht, z. B. Nationalität, Religion, Beruf, Herkunft, Identifikation, bleibende Charaktereigenschaften, Farben.

Yo soy alemán / alemana.
ich (ich-)bin deutsch(m/w)
Ich bin Deutscher / Deutsche.

Soy médico / médica.
(ich-)bin Arzt / Ärztin
Ich bin Arzt / Ärztin.

Soy de la Argentina.
(ich-)bin von das Argentinien
Ich komme aus Argentinien.

Ésta es mi novia.
diese (sie-)ist meine Freundin
Das ist meine Freundin.

Marcelo es muy divertido.
Marcelo (er-)ist sehr lustig
Marcelo ist sehr lustig.

La casa es chica pero cómoda.
das Haus (es-)ist klein aber bequem
Das Haus ist klein, aber bequem.

Estar (sein) bedeutet auch "sich befinden" und wird für vorübergehende Zustände und alles nicht Wesensmäßige verwendet, z. B. Ortsangaben, körperliches Befinden, Stimmung, Krankheit.

La tienda está en la Avenida nueve de Julio.
das Geschäft (es-)ist in die Straße neun von Juli
Das Geschäft befindet sich in der Straße "9 de Julio".

Estoy muy cansado / cansada.
(ich-)bin sehr erschöpft(m/w)
Ich bin sehr müde.

Ella está linda.
sie (sie-)ist hübsch(w)
Sie ist hübsch (zurechtgemacht).

Die Unterscheidung von **ser** und **estar** spielt eine große Rolle, vergleiche folgenden Bedeutungsunterschied:

Ella es linda. Sie ist hübsch. (immer!)
Ella está linda. Sie ist hübsch. (nur momentan!)

Zu beachten ist in Sätzen mit **ser** oder **estar**, daß ein Eigenschaftswort als Satzergänzung (Objekt) sich in Zahl und Geschlecht nach dem Satzgegenstand (Subjekt) richtet, vergleiche:

Yo estoy cansado.
ich (ich-)bin müde
Ich bin müde. (sagt ein Mann!)

Yo estoy cansada.
ich (ich-)bin müde(w)
Ich bin müde. (sagt eine Frau!)

Vos sos lindo.
du (du-)bist schön
Du bist schön. (zu einem Mann!)

Vos sos linda.
du (du-)bist schön(w)
Du bist schön. (zu einer Frau)

Estamos cansados.
wir (wir-)sind müde(Mz)
Wir sind müde. (nur Männer)

Estamos cansadas.
wir (wir-)sind müde(w,Mz)
Wir sind müde. (nur Frauen)

Ist von einer gemischten Gruppe von Männern und Frauen die Rede, wird die männliche Mehrzahlform verwendet.

haben / besitzen (tener)

	tener (haben, besitzen)	
	Gegenwart	Vergangenheit
ich	**tengo**	**tuve**
du	**tenés**	**tuviste(s)**
er/sie	**tiene**	**tuvo**
wir	**tenemos**	**tuvimos**
ihr	**tienen**	**tuvieron**
sie	**tienen**	**tuvieron**

Tengo un auto.
(ich-)habe ein Auto
Ich habe ein Auto.

Tiene una novia.
(er-)hat eine Freundin
Er hat eine Freundin.

¿Cuánta plata tenés?
wieviel Silber (du-)hast
Wieviel Geld hast du?

No tenemos un auto.
nicht (wir-)haben Auto
Wir haben kein Auto.

Satzstellung

Die normale Wortstellung im Satz ist: Satzgegenstand (Subjekt) - Satzaussage (Verb) - Satzergänzung (Objekt). Diese Reihenfolge ändert sich auch nicht in Frage- und Nebensätzen. Nur die persönlichen Fürwörter stehen immer vor dem Verb.

El médico tiene mucha plata.
der Arzt (er-)hat viel Silber
Der Arzt hat viel Geld.

Aunque el médico tiene mucha plata ...
obwohl der Arzt (er-)hat viel Geld ...
Obwohl der Arzt viel Geld hat ...

Verlaufsform

Oft werden in einem Satz zwei parallel verlaufende Handlungen beschrieben, z. B. "Er spricht, während er ißt." oder "Wir kommen und singen." Im Castellano gibt es natürlich auch eine Möglichkeit, zwei gleichzeitige Handlungen auf elegante Art auszudrücken. Dazu benötigt man das Gerundium. Im Deutschen endet die entsprechende Form immer auf "-nd" (z. B. "gehend, singend"); im Castellano lautet die Endung unverändert **-ndo** (hat also keine männlichen, weiblichen oder Mehrzahlformen). Bei der Bildung geht man von der Endung der Grundform (Infinitiv) aus:

- **-ar** wird zu **-ando: trabajar** wird zu **trabajando** (arbeitend)
- **-er** wird zu **-iendo: vender** wird zu **vendiendo** (verkaufend)
- **-ir** wird zu **-iendo: abrir** wird zu **abriendo** (öffnend)

Die Haupthandlung wird durch das normal gebeugte Verb ausgedrückt, während das Gerundium für die zusätzliche oder untergeordnete Handlung verwendet wird, z. B.:

El chico viene comiendo.
der Junge (er-)kommt essend
Der Junge kommt und ißt.

La chica llega llorando.
das Mädchen (es-)ankommt weinend
Das Mädchen kommt weinend an.

Um eine Handlung zu beschreiben, die gerade stattfindet (z. B. "gerade dabei sein, etwas zu tun"), verwendet man das Verb **estar** (sein) und bildet das Gerundium von dem jeweiligen Verb, um das es bei der Handlung geht. Besonders in der Umgangssprache hört man diese Form sehr oft.

Yo estoy trabajando.
ich (ich-)bin arbeitend
Ich arbeite gerade.

Ella esta comiendo.
sie (sie-)ist essend
Sie ißt gerade.

Partizip (Mittelwort der Vergangenheit)

Im Castellano gibt es eine Verbform, die dem deutschen Partizip (z. B. "gemacht", "gekauft") etc. ähnlich ist. In der Umgangssprache werden Partizipien nicht zur Bildung zusammengesetzter Zeiten verwendet, sondern meistens als Eigenschaftswörter benutzt. Bei der Bildung geht man wieder von der Endung der Grundform aus:

- **-ar** wird zu **-ado: clausurar** wird zu **clausurado** (gesperrt)
- **-er** wird zu **-ido: vender** wird zu **vendido** (verkauft)
- **-ir** wird zu **-ido: abrir** wird zu **abrido** (geöffnet)

Das Partizip verhält sich wie ein Eigenschaftswort, das sich in Zahl und Geschlecht nach dem Hauptwort richtet, auf das es sich bezieht. Die Endungen sind die regelmäßigen Endungen der Eigenschaftswörter (also **-o, -a, -os, -as**).

La calle está clausurada.
die Straße (sie-)ist gesperrt
Die Straße ist gesperrt.

Está prohibido el contrabando de drogas.
(es-)ist verboten der Schmuggel von Drogen
Der Drogenschmuggel ist verboten.

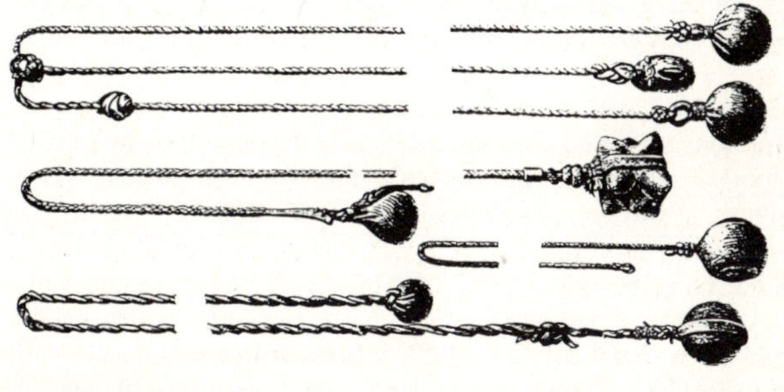

Patagonische Bolas

Auffordern & Befehlen

Um eine einzelne Person aufzufordern, läßt man einfach das **-s** der 2. Person Einzahl ("du") weg:

trabajás	du arbeitest	**¡trabajá!**	arbeite!
comés	du ißt	**¡comé!**	iß!
abrís	du öffnest	**¡abrí!**	öffne!

Bei der verneinten Aufforderung (Verbot) an eine einzelne Person ändert sich die Betonung und der Selbstlaut der Endung. Bei der Bildung geht man von der Grundform (Infinitiv) aus und stellt **no** (nein, nicht) voran: Die Grundform-Endung **-ar** wird zu **-es**, **-er** und **-ir** werden zu **-as**:

trabajar	arbeiten	**¡no trabajes!**	arbeite nicht!
comer	essen	**¡no comas!**	iß nicht!
abrir	öffnen	**¡no abras!**	öffne nicht!

Um eine Aufforderung an mehrere Personen zu richten, geht man wieder von der Grundform aus: **-ar** wird zu **-en**, **-er** und **-ir** werden zu **-an.** In der Mehrzahl gibt es bei der so gebildeten Aufforderung keinen Bedeutungsunterschied zwischen höflich (Sie) und normal (ihr).

trabajar	arbeiten	**¡(no) trabajen!**	arbeitet / arbeiten Sie (nicht)!
comer	essen	**¡(no) coman!**	eßt / essen Sie (nicht)!
abrir	öffnen	**¡(no) abran!**	öffnet / öffnen Sie (nicht)!

In der Umgangssprache fügt man oft das Wörtchen **ya** der Aufforderung hinzu; es hat ungefähr die gleiche Funktion wie das deutsche "mal", z. B. **¡traé ya!** (hol mal!), **¡agarrá ya!** (nimm mal!). In der Wort-für-Wort-Übersetzung steht zur Kennzeichnung der Befehlsform immer ein Ausrufezeichen in Klammern.

Fragen

Jeder geschriebene Fragesatz beginnt mit einem Fragezeichen, das auf dem Kopf steht. Daran kann man schon zu Beginn des Satzes erkennen, daß es sich um eine Frage handelt. Der Grund: Die Satzstellung der Frage ist dieselbe wie im normalen Aussagesatz. Nur die Tonlage einer Frage unterscheidet sich von der Aussage: Die Stimme steigt zum Satzende hin an.

Entscheidungsfragen

Entscheidungsfragen sind Fragen, auf die man nur mit **sí** (ja) oder **no** (nein) antworten kann.

¿El micro llega a las veinte horas?
der Bus (er-)ankommt zu die zwanzig Stunden
Kommt der Bus um 20 Uhr an?

Ergänzungsfragen

Ergänzungsfragen werden mit Fragewörtern gebildet. Man antwortet mit einem vollständigen Satz. Alle Fragewörter sind mit einem Akzent gekennzeichnet.

¿quién?	wer?	**¿cuántos?**	wie viele? (m)
¿qué?	was?	**¿cuántas?**	wie viele? (w)
¿cuál?	welches?	**¿por qué?** wegen was	warum?
¿cómo?	wie?		
¿cuán?*	wie?	**¿dónde?**	wo?
¿cuándo?	wann?	**¿adónde?** nach-wo	wohin?
¿cuánto?	wieviel?		
¿cuánto tiempo? wieviel Zeit	wie lange?	**¿de dónde?** von wo	woher?

* **cuán** (wie) steht nur in Verbindung mit Eigenschaftswörtern, z. B. **¿cuán grande?** (wie groß?).

¿Qué es esto?
was (es-)ist dies
Was ist das hier?

¿Qué es eso / aquello?
was (es-)ist das / jenes
Was ist das / das da?

¿Quién es este señor?
Wer ist dieser Herr?

¿Quién es esta señora?
Wer ist diese Dame?

¿Cómo te llamás?
wie dich (du-)nennst
Wie heißt du?

Me llamo O'Niel.
mich (ich-)nenne O'Niel
Ich heiße O'Niel.

¿Dónde vivís?
wo (du-)lebst
Wo wohnst du?

Vivo en Córdoba.
(ich-)lebe in Córdoba
Ich wohne in Córdoba.

¿De dónde sos?
von wo (du-)bist
Woher kommst du?

Soy de Alemania.
(ich-)bin von Deutschland
Ich komme aus Deutschland.

¿Por qué viniste a Argentina?
wegen was (du-)kamst zu Argentinien
Warum bist du nach Argentinien gekommen?

Para conocer el país.
für kennen das Land
Um das Land kennenzulernen.

Para aprender castellano.
für lernen spanisch
Um Spanisch zu lernen.

¿Cuándo llegaste?
wann (du-)ankamst
Wann bist du angekommen?

Hace tres meses.
(es-)macht drei Monate
Vor drei Monaten.

¿Cuánto sale esta campera de cuero?
wieviel (sie-)rausgeht diese Jacke von Leder
Wieviel kostet diese Lederjacke?

Cien pesos.
hundert Pesos
100 Pesos.

Verneinung

Verben verneint man, indem man dem Verb **no** (nicht) voranstellt:

El chico no está en el bodegón.
der Junge nicht (er-)ist in die Weinstube
Der Junge ist nicht in der Weinstube.

Das Verb wird auch dann verneint, wenn man im Deutschen das Haupt- oder Eigenschaftswort verneint, z. B.:

No es tímido.
nicht (er-)ist schüchtern
Er ist nicht schüchtern.

No tenemos tiempo.
nicht (wir-)haben Zeit
Wir haben keine Zeit.

Als Antwort auf eine Frage bedeutet **no** auch "nein":

¿Me acompañás?
mich (du-)begleitest
Begleitest du mich?

No, no puedo.
nein, nicht (ich-)kann
Nein, ich kann nicht.

Das Besondere bei den folgenden Verneinungen ist, daß sie das Verb umschließen: Vor dem Verb steht **no** (nicht), und danach folgt die eigentliche Verneinung. Diese doppelte Verneinung hebt sich jedoch nicht auf:

no ... nadie	niemand	**no ... nada**	nichts
no ... ningún (m)	kein(er, -es)	**no ... nunca**	nie
no ... ningúna (w)	keine)		

No veo nada.
nicht (ich-)sehe nichts
Ich sehe nichts.

No veo ningún auto.
nicht (ich-)sehe kein Auto
Ich sehe kein Auto.

No vino nadie.
nicht (es-)kam niemand
Es kam niemand.

Modalverben (wollen, können, müssen ...)

Wie im Deutschen werden die Modalverben mit der Grundform eines anderen Verbs kombiniert. Je nach Bedeutung des Modalverbs wird die Bedeutung der Satzaussage verändert. Diese Konstruktion hat den großen Vorteil, daß man nur noch die Modalverben zu beugen braucht.

	querer (wollen, lieben)	**saber** (wissen, können)	**tener que** (müssen)	**poder** (können, dürfen)
ich	**quiero**	**sé**	**tengo que**	**puedo**
du	**querés**	**sabés**	**tenés que**	**podés**
er/sie	**quiere**	**sabe**	**tiene que**	**puede**
wir	**queremos**	**sabemos**	**tenemos que**	**podemos**
ihr	**quieren**	**saben**	**tienen que**	**pueden**
sie	**quieren**	**saben**	**tienen que**	**pueden**

querer (wollen, lieben)

Quiero ver la película.
(ich-)will sehen der Film
Ich will den Film sehen.

¿Querés ir conmigo?
(du-)willst gehen mit-mir
Willst du mit mir gehen?

Als Vollverb hat **querer** die Bedeutung "lieben".

Yo te quiero mucho.
ich dich (ich-)liebe viel
Ich liebe dich sehr.

¿Ya no me querés?
schon nicht mich (du-)liebst
Liebst du mich nicht mehr?

Wenn man etwas verlangt, kann man die etwas höflichere Form **quisiera** (ich möchte) verwenden:

Quisiera una milanesa.
(ich-)möchte ein Schnitzel
Ich möchte ein Schnitzel.

Quisiera el diario "El Clarín".
(ich-)möchte die Zeitung "das Horn"
Ich möchte den "Clarín".

saber (wissen, können)

Saber heißt "wissen", wird aber auch bei erlernten Fähigkeiten in der Bedeutung von "können" verwendet.

No sé tocar el piano.
nicht (ich-)weiß berühren das Klavier
Ich kann nicht Klavier spielen.

Ella sabe jugar al ajedrez.
sie (sie-)weiß spielen zum Schach
Sie kann Schach spielen.

tener que (müssen)

Tener que ist von **tener** (haben) abgeleitet.

Tengo que ir de compras.
(ich-)habe zu gehen von Einkäufe
Ich muß einkaufen gehen.

Tengo que tomar el subte.
(ich-)habe zu nehmen die U-Bahn
Ich muß die U-Bahn nehmen.

poder (können, dürfen)

Poder heißt "können" im Sinne einer Erlaubnis oder Möglichkeit.

¿Me podés ayudar?
mir (du-)kannst helfen
Kannst du mir helfen?

Sí, te puedo ayudar.
ja, dir (ich-)kann helfen
Ja, ich kann dir helfen.

No se puede fumar acá.
nicht sich (man-)kann rauchen hier
Man darf hier nicht rauchen.

¿Podría ..., por favor?
(ich-)könnte ..., für Gefallen
Könnte ich ..., bitte?

Hay (Es gibt)

Hay ist ein unpersönlicher Ausdruck mit der Bedeutung "es gibt". Man verwendet **hay** bei allgemeinen Ortsangaben und zählbaren Dingen:

En la calle hay una farmacia.
in die Straße es-gibt eine Apotheke
In der Straße gibt es eine Apotheke. (oder:)

Hay una farmacia en la calle.
es-gibt eine Apotheke in die Straße
Es gibt eine Apotheke in der Straße.

Steht die Ortsangabe jedoch mit dem bestimmten Artikel **(el, la)**, verwendet man allerdings **estar** (sein, sich befinden). Auch in diesem Fall kann die Ortsangabe am Satzanfang oder am Satzende stehen:

En la calle Brasil está el albergue de juventud.
in die Straße Brasilien (sie-)ist die Herberge von Jugend
In der Straße "Brasil" ist die Jugendherberge.

El albergue de juventud está en la calle Brasil.
die Herberge von Jugend (sie-)ist in die Straße Brasilien
Die Jugendherberge ist in der Straße "Brasil".

Kombiniert man **hay** mit nachgestelltem **que,** erhält der Ausdruck die unpersönliche Bedeutung "es ist notwendig" oder "man muß":

Hay que doblar a la derecha acá.
man-muß abbiegen zu die Rechte hier
Man muß hier nach rechts abbiegen.

Wem? oder Wen?

Das Castellano macht wie im Deutschen einen Unterschied zwischen "ihm/ihn" und "ihr/sie" (im Deutschen 3. und 4. Fall). Bis auf die 3. Person Ein- und Mehrzahl sind die Fürwörter jedoch identisch. Anders als im Deutschen stehen sie immer direkt vor dem Verb.

Frage: "wem?"		Frage: "wen?" oder "was?"	
me	mir	**me**	mich
te	dir	**te**	dich
le	ihm, ihr	**lo** (m), **la** (w)	ihn, es, sie
nos	uns	**nos**	uns
les	{ euch ihnen	**los** (m), **las** (w)	{ euch sie (Mz)

La chica lo tiene.
das Mädchen es (sie-)hat
Das Mädchen hat es.

El hombre la conoce.
der Mann sie (er-)kennt
Der Mann kennt sie.

Te doy el libro.
dir (ich-)gebe das Buch
Ich gebe dir das Buch.

Te veo.
dich (ich-)sehe
Ich sehe dich.

La quiere.
sie (er-)liebt
Er mag sie.

Lo detesta.
ihn (sie-)verabscheut
Sie verabscheut ihn.

Le doy la plata.
ihm/ihr (ich-)gebe das Silber
Ich gebe ihm/ihr das Geld.

Le escribo una carta.
ihm/ihr (ich-)schreibe ein Brief
Ich schreibe ihm/ihr einen Brief.

Zusammen mit einer Aufforderung werden diese Fürwörter direkt an die Befehlsform angehängt:

¡Buscalo!
such(!)-es/-ihn
Such es / ihn!

¡Escuchame!
hör(!)-mich
Hör mir zu!

¡Decime!
sag(!)-mir
Sag mir!

betonte Fürwörter und Verhältniswörter

Da einige Fürwörter mehrere Bedeutungen haben, kann man zur Verdeutlichung die betonte Form verwenden, die zusätzlich am Satzende steht. Sie wird gebildet mit **a** plus dem ungebeugten persönlichen Fürwort. Ausnahme ist 1. Person Einzahl, bei der **mí** (mir) anstelle von **yo** (ich) steht. Bei der 2. Person Einzahl kann neben **vos** (du) auch **tí** (dir) stehen.

Le doy la plata a él.
ihm (ich-)gebe das Silber zu er
Ich gebe ihm das Geld.

Le doy la plata a ella.
ihr (ich-)gebe das Silber zu sie
Ich gebe ihr das Geld.

Auch wenn das Fürwort eindeutig ist, ist die Wiederholung mit der betonten Form am Satzende sehr gebräuchlich.

Die persönlichen Fürwörter können auch mit anderen Verhältniswörtern kombiniert werden, z. B. mit **para** (für) und **con** (mit). Anstelle von **yo** steht wieder **mí,** neben **vos** wird auch **tí** verwendet.

para mí	für mir	für mich
para vos / tí	für du / dir	für dich
para él, ella	für er, sie	für ihn, sie
para nosotros	für wir	für uns
para ustedes	für ihr	für euch
para ellos, ellas	für sie(m,Mz),(w,Mz)	für sie

Zusammen mit **con** (mit) entsteht eine zusammengezogene Form:

con + mí = conmigo	mit mir
con + tí = contigo	mit dir
con + si = consigo	mit sich

Rückbezügliche Verben

Die rückbezüglichen (reflexiven) Verben erkennt man in der Grundform an der Endung **-se** (sich), z. B. **acordarse** (sich erinnern) oder **lavarse** (sich waschen). Bei der Beugung trennt sich **-se** von der Grundform und wird zu einem selbständigen rückbezüglichen Fürwort, das immer direkt vor dem Verb steht.

Die rückbezüglichen Fürwörter stimmen zum Teil mit den gebeugten persönlichen Fürwörtern (Formen für "wen?") überein.

lavarse	sich waschen		
me lavo	ich wasche mich	**nos lavamos**	wir waschen uns
te lavás	du wäschst dich	**se lavan**	ihr wascht euch
se lava	er/sie wäscht sich		sie waschen sich

Viele Verben, die im Castellano rückbezüglich sind, müssen dies nicht im Deutschen sein oder umgekehrt, z. B.:

pararse	anhalten	**casarse**	heiraten
levantarse	aufstehen	**llamarse**	heißen
despertarse	aufwachen	**alquilarse**	mieten
quitarse, sacarse	ausziehen (Kleidung)	**detenerse**	stehenbleiben
		mudarse	umziehen (Wohnung)
bañarse	baden		
quedarse	bleiben	**irse**	weggehen
sentirse	fühlen	**hacerse**	werden

Se bedeutet auch "man" und wird in unpersönlichen oder passiven Ausdrücken verwendet:

Se vende esta casa.
sich (man-)verkauft dieses Haus
Dieses Haus wird verkauft.

Se venden estos departamentos.
sich (sie-)verkaufen diese Wohnungen
Diese Wohnungen werden verkauft.

Se habla alemán.
sich (man-)spricht deutsch
Man spricht deutsch.

Se necesita cadete.
sich (man-)braucht Aushilfe
Man braucht eine Aushilfe.

Bindewörter (Konjunktionen)

Die Bindewörter werden wie im Deutschen verwendet, um Sätze oder einzelne Satzteile miteinander zu verbinden. Die Wortstellung ist dieselbe wie im Hauptsatz.

y	und	**aunque**	obwohl
o	oder	**sino**	sondern
pero	aber	**porque**	weil
si	ob, wenn, falls	**que**	welche(r, -s)
cuando	als, wann	**que**	daß
para	um zu		

¿Qué te parece si vamos al cine?
was dir (es-)scheint wenn (wir-)gehen zum Kino
Was hältst du davon, wenn wir ins Kino gehen?

No vayas con ropa elegante, cuando te invitan un domingo.
nicht (du-)gehest(!) mit Kleidung elegant, wann dich (sie-)einladen ein Sonntag
Geh nicht in eleganter Kleidung, wenn man dich sonntags einlädt.

No encuentro el correo, porque no soy de acá.
nicht (ich-)finde die Post, weil nicht (ich-)bin von hier
Ich finde die Post nicht, weil ich nicht von hier bin.

Chico vino, aunque nadie lo suponía.
Chico (er-)kam, obwohl niemand es (er-)vermutete
Chico kam, obwohl es niemand vermutete.

Tengo una carta para mandar a mi amigo Juan.
(ich-)habe eine Karte um-zu schicken zu mein Freund Juan
Ich muß meinem Freund Juan eine Karte schicken.

Verhältniswörter (Präpositionen)

Mit den Verhältniswörtern kann man zeitliche und räumliche sowie allgemeine Beziehungen ausdrücken. Sie stehen immer vor dem Haupt- oder Fürwort, auf das sie sich beziehen.

con	mit	**de**	von, aus (örtl.)
junto con	zusammen mit	**en**	in (örtl.)
sin	ohne	**debajo de**	unter
para	für	**encima de**	auf
contra	gegen	**sobre,** **arriba de**	über (örtl.)
según	gemäß		
por	wegen, durch	**entre**	zwischen
desde	seit (zeitl.)	**al lado de**	neben
hasta	bis (zeitl.)	**delante (de)**	vor (örtl.)
antes de	vor (zeitl.)	**detrás de**	hinter (örtl.)
después de	nach (zeitl.)	**fuera (de)**	außerhalb (von)
durante	während	**dentro (de)**	innerhalb (von)
hacia, **a**	zu, nach (örtl.)	**enfrente (de)**	gegenüber (von)
		lejos (de)	weit entfernt (von)

Die Wörter, bei denen **de** (von) in Klammern steht, sind ohne **de** Umstandswörter (Adverbien) und mit **de** Verhältniswörter:

Mi casa está lejos.	Mein Haus ist weit entfernt.
Mi casa está lejos de acá.	Mein Haus ist weit entfernt von hier.

Einige Verhältniswörter verschmelzen mit dem männlichen bestimmten Artikel **el** (der) und bilden folgende Formen:

a + el = al	zu dem, zum, nach dem
de + el = del	von dem, vom

Die weiblichen Artikel verschmelzen mit einem bestimmten Artikel dagegen niemals zu einem Wort!

Richtungsangabe mit "a"

A (zu, nach) bezeichnet das Ziel, die Richtung oder wird für eine Zeitbestimmung verwendet. Je nach Zusammenhang kann es im Deutschen oft mit einem anderen Verhältniswort übersetzt werden, die Grundbedeutung bleibt jedoch erhalten, z. B.:

Vamos a Argentina.
(wir-)gehen zu Argentinien
Wir fahren nach Argentinien.

Voy a Uruguay.
(ich-)gehe zu Uruguay
Ich fahre nach Uruguay.

El micro sale a las veinte horas.
der Bus rausgeht zu die 20 Stunden
Der Bus fährt um 20 Uhr ab.

No comemos a mediodía.
nicht (wir-)essen zu Mittag
Wir essen mittags nicht.

Wichtig: **A** wird auch verwendet, wenn Personen direktes Objekt (Satzergänzung) sind. Vergleiche:

Veo un gato.
(ich-)sehe eine Katze
Ich sehe eine Katze.

aber: **Veo a un amigo.**
(ich-)sehe zu ein Freund
Ich sehe einen Freund.

Adoro la música.
(ich-)liebe die Musik
Ich liebe die Musik.

aber: **Adoro a mi novia.**
(ich-)liebe zu meine Freundin
Ich liebe meine Freundin.

Orts- und Zeitangaben mit "en"

Die Grundbedeutung von **en** ist "in". Im Unterschied zu **a** (zu, nach), das eine Bewegung ausdrückt, wird mit **en** eine Ortsangabe oder ein bestimmter Zeitpunkt bezeichnet. Daher kann es je nach Zusammenhang auch mit "in, an, auf, bei" übersetzt werden.

En zusammen mit dem Verb **estar** (sein) (niemals jedoch **ser** (sein)!) bezeichnet eine Ortsangabe.

Estoy en casa.
(ich-)bin in Haus
Ich bin zu Hause.

El libro está en la mesa.
das Buch (es-)ist in der Tisch
Das Buch liegt auf dem Tisch.

El correo central está en la avenida Leandro N. Alem.
die Post zentral (sie-)ist in die Straße Leandro N. Alem
Die Hauptpost befindet sich in der Straße Leandro N. Alem.

Me gusta ir en barco.
mir (es-)gefällt gehen in Boot
Ich mag es, Boot zu fahren.

Yo voy en colectivo.
ich (ich-)gehe in Bus
Ich fahre mit dem Bus.

Llegamos en dos horas.
(wir-)ankommen in zwei Stunden
Wir kommen in 2 Stunden an.

Venimos en una semana.
(wir-)kommen in eine Woche
Wir kommen in einer Woche.

Zusammengehörigkeit mit "de"

Die Grundbedeutung von **de** ist "von". Es wird für zusammengesetzte Hauptwörter, Zugehörigkeit (Besitz), zur Angabe des Material, aus dem etwas hergestellt ist, zur Angabe der Herkunft sowie des Themas verwendet.

la puerta de la casa
die Tür von das Haus
die Haustür

el aumento de sueldo
die Erhöhung von Lohn
die Gehaltserhöhung

la madre de Pedro
die Mutter von Pedro
Pedros Mutter

el auto de Nane
das Auto von Nane
Nanes Auto

una campera de cuero
eine Jacke von Leder
eine Lederjacke
(= eine Jacke aus Leder)

un torta de frutilla
eine Torte von Erdbeeren
eine Erdbeertorte
(= eine Torte aus Erdbeeren)

Hablamos de amor.
(wir-)sprechen von Liebe
Wir sprechen über Liebe.

Un libro de medicina.
ein Buch von Medizin
Ein Buch über Medizin.

Im Castellano bezeichnet man die Herkunft bzw. Nationalität immer mit **ser de** (sein von), nicht aber mit **venir** (kommen).

Yo soy de Alemania.
ich (ich-)bin von Deutschland
Ich komme aus Deutschland.

Vos sos de Buenos Aires.
du (du-)bist von Buenos Aires
Du kommst aus Buenos Aires.

Begründung / Absicht mit "para"

Para (für) kann zusammen mit der Grundform eines Verbs im Sinne einer Begründung oder Absicht verwendet werden und erspart so kompliziertere Konstruktionen. In der Umgangssprache wird **para** meist wie "pra" oder "pa" ausgesprochen.

Trabajo para mis hijos.
(ich-)arbeite für meine Kinder
Ich arbeite für meine Kinder.

un regalo para mi novia
ein Geschenk für meine Freundin

Yo vine para aprender el castellano.
ich (ich-)kam für lernen das Castellano
Ich bin gekommen, um Spanisch zu lernen.

räumliches "por" und Begründung mit "por"

Por hat die räumliche Grundbedeutung "durch", übertragen heißt es auch "wegen" (Begründung).

un libro escrito por mí
ein Buch geschrieben von mir
ein von mir geschriebenes Buch

clausurado por inundación
gesperrt für Überschwemmung
wegen Überschwemmung gesperrt

prohibido sacar los brazos por las ventanillas
verboten rausnehmen die Arme durch die Fenster
Arme durch die Fenster hinausstrecken verboten

Estamos paseando por la ciudad.
(wir-)sind gehend durch die Stadt
Wir gehen durch die Stadt spazieren.

daß? oder das?

Das spanische Wort **que** bedeutet sowohl "daß" als auch "das". **Que** kann eine indirekte Rede einleiten:

Pienso que ella es muy linda.
(ich-)denke daß sie (sie-)ist sehr hübsch
Ich denke, daß sie sehr hübsch ist.

Yo creo que va a llover hoy.
ich glaube daß (es-)geht zu regnen heute
Ich glaube, daß es heute regnen wird.

Eine Erläuterung zu einem bestimmten Wort nennt man Relativsatz. Er wird im Castellano mit **que** (welche, -r, -es) eingeleitet, egal ob es sich um ein männliches oder weibliches Wort handelt.

Ésta es la camisa que quiero comprar.
dieses (es-)ist das Hemd welches (ich-)will kaufen
Dies ist das Hemd, das ich mir kaufen will.

Beim Vergleichen wird **más** (mehr) mit **que** (als) verknüpft (vgl. Kapitel "Steigern & Vergleichen").

Vos sos más linda que tu hermana.
du bist mehr hübsch als deine Schwester
Du bist hübscher als deine Schwester.

Zahlen & Zählen

Grundzahlen

0 **cero**	10 **diez**	20 **veinte**
1 **uno**	11 **once**	30 **treinta**
2 **dos**	12 **doce**	40 **cuarenta**
3 **tres**	13 **trece**	50 **cincuenta**
4 **cuatro**	14 **catorce**	60 **sesenta**
5 **cinco**	15 **quince**	70 **setenta**
6 **seis**	16 **diez y seis, dieciséis**	80 **ochenta**
7 **siete**	17 **diez y siete, diecisiete**	90 **noventa**
8 **ocho**	18 **diez y ocho, dieciocho**	100 **cien**
9 **nueve**	19 **diez y nueve, diecinueve**	

Die zusammengesetzten Zahlen ab 16 werden wie folgt gebildet: zuerst den Zehner, dann **y** und am Ende den Einer, also genau andersherum als im Deutschen.

32 **treinta y dos**	(dreißig und zwei)
57 **cincuenta y siete**	(fünfzig und sieben)
89 **ochenta y nueve**	(achtzig und neun)

Bei den Hundertern und Tausendern geht man wie im Deutschen vor. Zu beachten ist nur, daß "100" in allen zusammengesetzten Zahlen **ciento** heißt und erst ab "200" zu **cientos** oder **cientas** wird, je nach Geschlecht des zugehörigen Hauptwortes.

100 **cien**	600 **seiscientos**
200 **doscientos**	700 **setecientos**
300 **trescientos**	800 **ochocientos**
400 **cuatrocientos**	900 **novecientos**
500 **quinientos**	1000 **mil**

Achtung bei den Zahlen 500, 700 und 900: Man sagt z. B. nicht etwa "**cincocientos**", sondern **quinientos** (500)!

367	**trescientos sesenta y siete**
485	**cuatrocientos ochenta y cinco**
532	**quinientos treinta y dos**
750	**setecientos cincuenta**
1993	**mil novecientos noventa y tres**

Ordnungszahlen

Die Ordnungszahlen haben eine männliche und eine weibliche Form. Sie richten sich nach dem dazugehörigen Hauptwort. Für die weibliche Form ersetzt man das **-o** durch **-a.**

primero	erster	**séptimo**	siebter
segundo	zweiter	**octavo**	achter
tercero	dritter	**noveno**	neunter
cuarto	vierter	**décimo**	zehnter
quinto	fünfter		
sexto	sechster	**último**	letzter

Stehen die Ordnungszahlen **primero** und **tercero** vor einem männlichen Hauptwort, entfällt das **-o**:

primer piso	erster Stock	**primera calle**	erste Straße
tercer piso	dritter Stock	**tercera calle**	dritte Straße

Zeit & Datum

allgemeine Zeitangaben

hoy	heute	**después**	nachher
mañana	morgen	**luego, entonces**	dann
pasado mañana	übermorgen		
ayer	gestern	**al final**	schließlich
anteayer	vorgestern	**la última vez**	letztemal
anoche	gestern abend	**todavía, aún**	noch
pronto	bald	**ya**	schon
temprano	früh	**ya no**	nicht mehr
tarde	spät	**frecuentemente, a menudo**	oft
más tarde	später		
antes	vorher	**siempre**	immer

hace una semana / un mes
(es-)macht eine Woche / ein Monat
vor einer Woche / einem Monat

en marzo
in März
im März

el domingo
der Sonntag
am Sonntag

esta mañana / tarde / noche
dieser Morgen / Abend / Nacht / Abend
heute morgen / nachmittag / nacht

la semana que viene
die Woche die kommt
nächste Woche

la semana pasada / el mes pasado / el año pasado
die Woche vergangen / der Monat vergangen / das Jahr vergangen
letzte Woche letzten Monat / letztes Jahr

aproximadamente dos semanas / meses / años
ungefähr zwei Wochen / Monate / Jahre

hasta mañana
bis morgen
bis morgen

hasta el lunes que viene
bis der Montag welcher kommt
bis nächsten Montag

¿Cuánto tiempo hace que estás acá?
wieviel Zeit (es-)macht welche (du-)bist hier
Wie lange bist du schon hier?

Desde hace una semana.
seit (es-)macht eine Woche
Seit einer Woche.

Vámonos, ya es tarde.
(wir-)gehen, schon (es-)ist spät
Gehen wir, es ist schon spät.

Aún no lo sé.
noch nicht es (ich-)weiß
Ich weiß es noch nicht.

Pedro ya no está en casa.
Pedro schon nicht (er-)ist in Haus
Pedro ist nicht mehr zu Hause.

Uhrzeit

¿Qué hora es?
was Stunde (es-)ist
Wie spät ist es?

¿Qué hora tenés?
was Stunde (du-)hast
Wie spät hast du's?

¿Tenés hora?
(du-)hast Stunde
Weißt du, wie spät es ist?

Bei allen Uhrzeiten wird der weibliche Artikel **la** oder **las** gebraucht. Er bezieht sich auf **hora** (Stunde) bzw. **horas** (Stunden), das meist weggelassen wird.

Es la una.
(es-)ist die eine
Es ist ein Uhr.

Son las tres.
(sie-)sind die drei
Es ist drei Uhr.

Son las veinte horas.
(sie-)sind die 20 Stunden
Es ist 20 Uhr.

Son diez para las cuatro.
(sie-)sind zehn für die vier
Es ist 10 vor vier.

Son las cuatro y cinco.
(sie-)sind die vier und fünf
Es ist fünf nach vier.

Son las cuatro y media.
(sie-)sind die vier und halbe
Es ist halb fünf.

Son las cuatro y / para cuarto
(sie-)sind die vier und / weniger viertel
Es ist viertel nach / vor vier.

Nicht verwechseln: **cuatro** heißt "vier", **cuarto** heißt "Viertel"!

¿A qué hora(s)? zu was Stunde(n) Um wieviel Uhr?	**A las nueve menos cuarto.** zu die neun minus viertel Um viertel vor neun.
¿Cuándo llegamos? wann (wir-)ankommen Wann kommen wir an?	**¿A qué hora venís?** zu was Stunde (du-)kommst Um wieviel Uhr kommst du?

Gibt man die Uhrzeit im 12-Stunden-System an (also "2 Uhr" statt "14 Uhr"), stellt man der Uhrzeit die Angabe des Tagesabschnitts nach.

... de la mañana	am Vormittag
... del mediodía	am Mittag
... de la tarde	am Nachmittag
... de la noche	in der Nacht, am Abend

Wochentage

lunes	Montag	**festivo**	Feiertag
martes	Dienstag	**día hábil,**	Werktag
miércoles	Mittwoch	**día laborable**	
jueves	Donnerstag	**fin de semana**	Wochenende
viernes	Freitag		
sábado	Samstag		
domingo	Sonntag		

Die Wochentage sind männlich. Stellt man dem Wochentag den bestimmten Artikel **el** voran, erhält man z. B. für **el jueves** die Bedeutung "am Donnerstag", stellt man dagegen **los** voran, erhält man für **los jueves** die Bedeutung "donnerstags".

en 1966 in 1966 (im Jahr) 1966

Monate

enero	Januar	**julio**	Juli
febrero	Februar	**agosto**	August
marzo	März	**septiembre**	September
abril	April	**octubre**	Oktober
mayo	Mai	**noviembre**	November
junio	Juni	**diciembre**	Dezember

Datum

Für die Datumsangabe werden die Grundzahlen verwendet. Nur der "erste" des Monats wird mit der Ordnungszahl angegeben.

el primero de abril
der erste von April
am ersten April

el siete de agosto
der sieben von August
am siebten August

Kurz-Knigge

Die folgenden Anmerkungen beziehen sich vor allem auf Buenos Aires, dessen Zentrum **Capital Federal** (Bundeshauptstadt) genannt wird. Im Gegensatz zu vielen anderen südamerikanischen Ländern gibt es in Argentinien weder Straßenkriminalität noch ausgedehnte Elendsviertel. Man braucht also keine Angst zu haben, daß einem der Fotoapparat gestohlen oder das Portemonnaie aus der Hosentasche gezogen wird. Natürlich darf das aber nicht dazu verleiten, mit seinem Geld oder sonstigen Kostbarkeiten zu protzen.

● Das **Nachtleben** in Großstädten ist rege, aber auch Frauen brauchen im allgemeinen keine Angst zu haben, überfallen zu werden. Bei den jungen Leuten ist es üblich, am Wochenende eine Nacht durchzumachen **(trasnochear),** die Kinos sind entsprechend darauf eingerichtet, und die meisten Restaurants und Kneipen im Zentrum schließen erst früh morgens. Man wird fast niemals einen Betrunkenen auf der Straße antreffen.

● Bei **Verabredungen** sollte man sich nicht über Unpünktlichkeit wundern. Besonders bei Frauen gehört eine halbe bis eine Stunde als "guter Ton" einfach dazu. Ist man zum Essen eingeladen, ist eine halbe Stunde später obligatorisch, in dieser Zeit verpaßt der Koch / die Köchin dem Essen den letzten Schliff.

● **Unterhaltungen** verlaufen in der Regel lautstark, man diskutiert auf offener Straße stundenlang, und was für uns fremd ist: Man schaut sich immer direkt in die Augen. Schüchternes Zur-Seite-sehen wird als "interessiert mich nicht, was du zu sagen hast" interpretiert.

● **Schlangestehen** ist üblich - aber nicht vordrängeln! Immer wenn mehr als zwei oder drei Leute auf etwas warten, bilden sich automatisch Schlangen, sogar an Bushaltestellen.

● Da der Vater die größeren Rechte bezüglich der **Kinder** hat, müssen Mütter, die allein mit ihren Kindern nach Argentinien reisen, eine schriftliche Erlaubnis des Vaters vorlegen können (übersetzt, beglaubigt und vom argentinischen Konsulat gestempelt). Es kommt zwar nicht häufig vor, aber man sollte eventuellen Schwierigkeiten an der Grenze vorbeugen.

● Selbst bei höchsten **Temperaturen** im Sommer sind kurze Hosen für Männer nicht angebracht, sie stellen ein Zeichen der Armut dar. Statt dessen schwitzt man lieber in gerammelt vollen Bussen in feinem Anzug und Krawatte. Frauen dagegen tragen selbst im Winter Mini, wenn es gerade Mode ist.

● An den Klingeln oder Haustüren stehen keine Namen. Wenn man **Adressen** aufschreibt, sollte man also immer auch Stockwerk und Haustür notieren.

● Im allgemeinen ist schicke **Garderobe** angesagt. Wird man aber am Sonntag zum Mittag- oder Abendessen bei einer argentinischen Familie eingeladen, die ein eigenes Haus hat, dann zieht man besser keine elegante Kleidung an, denn es wird sicher eine **Parrilla** (Grill) geben. Ein Haus ohne Grill, besonders auf dem Lande, ist wie in Deutschland eine Wohnung ohne Heizung.

● In **Aufzügen** und **öffentlichen Verkehrsmitteln** gilt "Ladies first". Auf Straßen geht die Frau auf der Häuserseite, der Mann auf der (gefährlicheren) Autoseite.

● Man ißt nie auf der Straße oder im Bus. Dies gilt als unfein, da sich die Argentinier viel Zeit zum **Essen** nehmen. Das Eis, das auf der Straße verkauft wird, schleckt man direkt am Eisstand. Das Abendessen findet gewöhnlich später als in Deutschland statt, meist ab 21.00 Uhr.

Gesten

● Das **Augenlied** mit einem Finger runterziehen bedeutet: Achtung! oder Aha!

● Eine **Drehbewegung mit der ganzen Hand** an der Wange bedeutet "bescheuert".

● **Kratzen am Kinn** ist wie in Deutschland kratzen am Kopf: "Ich weiß nicht so recht".

● Ein üblicher Ruf ist das **Schnalzen** oder "ts, ts" sagen. Damit kann man z. B. einen Bus anhalten (wenn der Straßenlärm nicht zu laut ist).

● Frauen wird oft hinterhergepfiffen, besonders den hübschen. Je nach Tonfall ist das **Pfeifen** im allgemeinen nicht abwertend gemeint. (Trotzdem nicht nachmachen, man könnte an die Falsche geraten).

Namen / Anrede

Verheiratete **Frauen** haben zwei Nachnamen, der erste ist der Familienname der Eltern (Mädchenname), der zweite ist der Nachname des Ehemannes. Die Kinder erhalten als Nachnamen **(apellido)** den Familiennamen des Vaters.

In Argentinien ist es nicht üblich, sich zu siezen. Statt dessen wird man fast immer mit **vos** (du) angeredet. Dieses Wörtchen stammt von dem spanischen "**vosotros**" (ihr) ab. Deshalb ist die Anrede mit **vos** keineswegs plump-vertraulich, sondern stellt ganz im Gegenteil eine besondere Höflichkeitsform dar.

Sehr oft verwendet werden Ausdrücke wie:

che viejo / vieja	mein Alter / meine Alte
che flaco / flaca	mein Dünner / meine Dünne
che gordo / gorda	mein Dicker / meine Dicke
che chico / chica	mein Kleiner / meine Kleine

Es handelt sich dabei aber weder um Beleidigungen, noch darf man die Eigenschaft wörtlich nehmen. **Che** ist ein Wort aus dem Guaraní und bedeutet "mein". Es wird auch allein als Anrede verwendet.

Begrüßen / Verabschieden

begrüßen

Bei Begrüßungen gibt man sich einen Kuß auf die Wange und umarmt sich, vor allem Frauen unter sich. Nur Männer untereinander schütteln sich die Hände, aber nicht Männer und Frauen. Manchmal geben sich auch Männer einen Wangenkuß, ohne daß das eine homosexuelle Bedeutung hat. Überhaupt ist viel mehr Körperkontakt als bei uns üblich, man klopft sich auf die Schulter, streichelt sich über die Haare usw.

Am häufigsten begrüßt man sich mit **hola** (hallo):

Hola, ¿qué tal? **Hola, ¿cómo andás?**	Hallo, wie geht's?

Dieses "wie geht's" wird dabei meistens nicht als konkrete Frage aufgefaßt, sondern oft mit derselben Floskel beantwortet.

Buen día / buenos días.	Guten Morgen.
Buenas tardes.	Guten Tag / Abend.
Buenas noches.	Gute Nacht.

Bis zum Mittagessen ist **buen día** oder **buenos días** angebracht. Bis zum Dunkelwerden sagt man **buenas tardes** und danach **buenas noches**. Das letztere wird im Gegensatz zum deutschen Ausdruck nicht nur vor dem Schlafengehen gebraucht, sondern immer, wenn es draußen schon dunkel ist.

verabschieden

Adiós. **Hasta la vista.**	Auf Wiedersehen.	**Hasta pronto.**	Bis bald.
		Hasta luego.	Bis dann.
Chau.	Tschüß.	**Hasta mañana.**	Bis morgen.
Chaucito.	Tschüßchen.	**Saludos a todos.**	Grüße an alle.
¡Suerte!	Glück!	**Recuerdos a ...**	Grüße an ...
Buen viaje.	Gute Reise.		

Me voy.
mich (ich-)gehe
Ich gehe.

Tengo que irme ahora.
(ich-)habe daß gehen-mich jetzt
Ich muß jetzt gehen.

Wenn man sich voraussichtlich längere Zeit nicht sieht, wünscht man sich **suerte** (Glück). Die Ausdrücke **chaucito** und **hasta lueguito** sind typische Verkleinerungsformen, die man ins Deutsche außer durch "-chen" oder "-lein" nicht übersetzen kann.

Bitten, Danken, Wünschen

bitten

Por favor. (für Gefallen)	Bitte! (um etwas bitten)
Con permiso, ¿puedo ...? mit Erlaubnis, (ich-)kann ...	Bitte, darf ich ...?
¿Me permitís? (mir (du-)erlaubst)	Gestatten Sie?
¡Sírvete! (bedien(!)-dich)	Bitte sehr! (etwas anbieten)
¿Cómo decís? (wie (du-)sagst)	Wie bitte?

danken

Gracias.	Danke!
Muchas gracias.	Vielen Dank!
Muchas gracias por ... viele Danke für ...	Vielen Dank für ...!
Te agradezco tu amabilidad. dir (ich-)danke deine Freundlichkeit	Danke für Ihre Freundlichkeit!
No, por nada. (nein, für nichts)	Keine Ursache!

sich entschuldigen

Permiso.	Entschuldigung! (in einer Menschenmenge)
Perdón.	Verzeihung!
Disculpe.	Entschuldigung!
Lo siento.	Tut mir leid!
No pasó nada. (nicht (es-)passierte nichts)	Es ist nichts passiert!
No te preocupes. (nicht dich sorgst)	Machen Sie sich keine Sorgen!

wünschen

¡Salud!	Gesundheit, Prost!
¡Chin-chin!	Prost!
¡Buena suerte!	Viel Glück!
¡Te deseo mucha suerte! dir (ich-)wünsche viel Glück	Ich wünsche dir viel Glück!

Das erste Gespräch

wie heißt du?

¿Cómo te llamás?
wie dich (du-)nennst
Wie heißt du?

¿Cómo es tu nombre?
wie (er-)ist dein Name
Wie ist dein Name?

Me llamo Marcelo, ¿y vos?
mich (ich-)nenne Marcelo, und du
Ich heiße Marcelo, und du?

Mi nombre es José.
mein Name (er-)ist José
Ich heiße José.

Mucho gusto.
viel Gefallen
Sehr angenehm.

El gusto es mío.
das Gefallen (es-)ist meins
Ganz meinerseits.

¿Vos sos Isabel, ¿verdad?
du (du-)bist Isabel, Wahrheit
Du bist Isabel, stimmt's?

No, soy Anita.
nein, (ich-)bin Anita
Nein, ich bin Anita.

Nach anderen Leuten fragen oder sie vorstellen:

Y éste / ésta, ¿quién es?
und dieser / diese, wer (er-/sie-)ist
Und wer ist er / sie?

Él / ella se llama ...
er / sie sich (er-/sie-)nennt ...
Er / sie heißt ...

Éste es mi amigo Pedro.
dieser (er-)ist mein Freund Pedro
Das ist mein Freund Pedro.

Ésta es mi amiga Patricia.
diese (sie-)ist meine Freundin Patricia
Das ist meine Freundin Patricia.

Te presento ...
dir (ich-)vorstelle ...
Ich stelle dir vor ...

Encantado / encantada.
erfreut(m/w)
Angenehm.

gefällt's dir?

¿Te gusta acá?
dir (es-)gefällt hier
Gefällt's dir hier?

¿Te gusta la Argentina / este país?
dir (es-)gefällt das Argentinien / dieses Land
Gefällt dir Argentinien / dieses Land?

Sí, me gusta mucho.
ja, mir (es-)gefällt viel
Ja, es gefällt mir sehr.

No, no me gusta.
nein, nicht mir (es-)gefällt
Nein, es gefällt mir nicht.

woher kommst du?

No sos de acá, ¿verdad?
nicht (du-)bist von hier, Wahrheit
Du bist nicht von hier, stimmt's?

¿De dónde sos / son?
von wo (du-)bist / (ihr-)seid
Woher kommst du / kommt ihr?

Soy de Alemania.
(ich-)bin von Deutschland
Ich komme aus Deutschland.

¿Y vos? / ¿Y ustedes?
und du / und ihr
Und du / ihr/Sie?

Alemania	Deutschland
alemán / alemana (m/w)	Deutscher / Deutsche
Holanda, los Países Bajos	Niederlande
holandés / holandesa (m/w)	Niederländer / Niederländerin
Suiza	Schweiz
suizo / suiza (m/w)	Schweizer / Schweizerin
Austria	Österreich
austríaco / austríaca (m/w)	Österreicher / Österreicherin

Yo soy de Bahía Blanca.
ich bin von Bucht weiße
Ich komme aus Bahía Blanca.

¿Ubicás?
(du-)lokalisierst
Weißt du, wo das ist?

Está a unos seiscientos kilómetros de acá.
(es-)ist zu einige sechshundert Kilometer von hier
Es ist ungefähr sechshundert Kilometer entfernt.

Meistens wird man schon nach den ersten Worten gefragt, wo man herkommt. Anstelle von "kommen" **(venir)** verwendet man die Formen von "sein" **(ser)**. Das Wort **vivir** bedeutet "leben", wird aber auch im Sinne von "wohnen" gebraucht.

¿Dónde vivís / viven?
wo (du-)lebst / (ihr-)lebt
Wo wohnst du / wohnt ihr?

Vivo en Córdoba / Austria.
(ich-)lebe in Córdoba / Österreich
Ich wohne in Córdoba / Österreich.

¿Conocés a Carlos?
(du-)kennst zu Carlos
Kennst du Carlos?

Sí, ¿es amigo tuyo?
ja, (es-)ist Freund deiner
Ja, ist das einer deiner Freunde?

Sí, qué bárbaro ...
ja, was barbarisch ...
Ja, toll ...

¿Qué hacés por acá?
was (du-)machst für hier
Was machst du hier?

Pasando mis vacaciones.
verbringend meine Ferien
Ich mache Ferien.

Qué bien que hablás castellano.
was gut daß (du-)sprichst spanisch
Du sprichst ganz gut Spanisch!

¿Qué tenés de hacer mañana?
was (du-)hast von machen morgen
Was machst du morgen?

Mañana no tengo tiempo.
morgen nicht (ich-)habe Zeit
Morgen habe ich keine Zeit.

¿Qué tal el viernes a la noche?
was so der Freitag zu die Nacht
Wie wär's mit Freitag abend?

Bien, quizás nos vemos el viernes.
gut, vielleicht uns (wir-)sehen der Freitag
Gut, vielleicht sehen wir uns am Freitag.

Alter

Es gilt nicht als unhöflich, nach dem Alter zu fragen. Die Frage wird mit **tener** (haben, besitzen) und **años** (Jahre) gebildet.

¿Cuántos años tenés?
wieviele Jahre (du-)hast
Wie alt bist du?

Vos, ¿qué edad tenés?
du, was Alter (du-)hast
Wie alt bist du?

Tengo veinte y seis años.
(ich-)habe zwanzig und sechs Jahre
Ich bin sechsundzwanzig.

No lo digo.
nicht es (ich-)sage
Sage ich nicht.

Adiviná.
rate(!)
Rate mal.

A ver si lo adivinás.
zu sehen ob es (du-)rätst
Mal sehen, ob du's rätst.

¿Cuántos años le das?
wieviele Jahre ihm/ihr (du-)gibst
Für wie alt hältst du ihn / sie?

Casi ...
fast ...
Fast ...

Parecés menor / mayor.
(du-)scheinst kleiner / größer
Du siehst jünger / älter aus.

¿Cuándo es tu cumpleaños?
wann (er-)ist dein Geburtstag
Wann hast du Geburtstag?

¿Cuándo cumplís años?
wann (du-)erfüllst Jahre
Wann hast du Geburtstag?

Beruf

¿Qué profesión tenés?
was Beruf (du-)hast
Welchen Beruf hast du?

¿A qué te dedicás?
zu was dich (du-)widmest
Was bist du von Beruf?

Vos, ¿qué estudiás?
du, was (du-)studierst
Was studierst du?

Soy estudiante de medicina.
(ich-)bin Student von Medizin
Ich studiere Medizin.

Soy ...	Ich bin ...
sin empleo	arbeitslos
obrero / obrera (m/w)	Arbeiter / Arbeiterin
arquitecto / arquitecta (m/w)	Architekt(in)
médico / médica (m/w)	Arzt / Ärztin
empleado / empleada (m/w)	Angestellte(r)
funcionario / functionaria (m/w)	Beamte(r)
profesional	mit abgeschlossener Berufsausbildung
peluquero / peluquera (m/w)	Friseur / Friseurin
ingeniero / ingeniera (m/w)	Ingenieur(in)
plomero	Klempner
enfermera	Krankenschwester
profesor / profesora (m/w)	Lehrer(in) (höhere Schule)
maestro / maestra (m/w)	Lehrer(in) (Grundschule)
portero	Pförtner, Hausmeister
guardia (m)	Polizist, Wächter
sicólogo / sicóloga (m/w)	Psychologe, Psychologin
jubilado / -a, pensionado / -a (m/w)	Rentner(in), Pensionär(in)
estudiante (m+w)	Student(in)
técnico	Techniker
carpintero	Tischler
mucama	Zimmermädchen, Putzfrau

wie geht's?

Che, ¿cómo andás?
hey, wie (du-)gehst
Wie geht es dir?

¿Qué tal?
was so
Wie geht's so?

¿Cómo estás / te va?
wie (du-)bist / dir (es-)geht
Wie geht's dir?

¿Qué hacés?
was (du-)machst
Was machst du so?

¿Qué decís?
was (du-)sagst
Was gibt's Neues?

¿Cómo estás andando?
wie (du-)bist gehend
Wie geht es?

Bien, ¿y vos?
gut, und du
Gut, und dir?

Más o menos.
mehr oder weniger
Geht so.

Así así.
so so
Es geht.

Andando.
gehend
Es geht.

Laburando.
arbeitend
Ich bin am Arbeiten.

Como siempre.	Wie immer.	**Mejor.**	Besser.
Mal.	Schlecht.	**Mucho mejor.**	Viel besser.
Miserable.	Mies.	**Excelente.**	Ausgezeichnet.
Bastante bien.	Ziemlich gut.	**Fantástico.**	Fantastisch.

Zur Begrüßung können auch mehrere Ausdrücke gleichzeitig verwendet werden:

Hola, ¿qué tal? ¿Cómo andás?

Diese Frage beantwortet man oft mit derselben (oder einer ähnlichen) Gegenfrage, ohne eigentlich zu sagen, wie es geht.

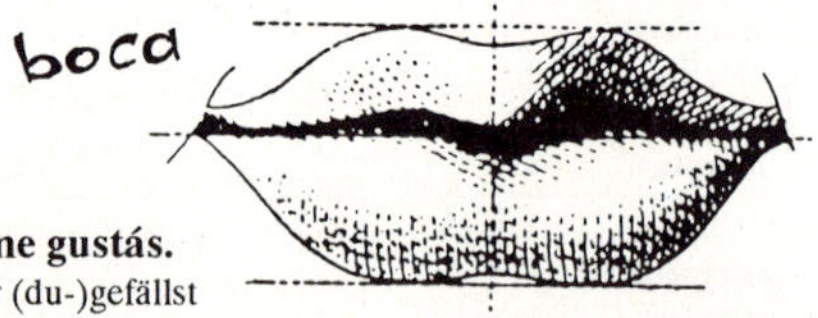

Liebesgeflüster

Yo te quiero.
ich dich (ich-)liebe
Ich liebe dich.

Vos me gustás.
du mir (du-)gefällst
Du gefällst mir.

¿Pasamos la noche juntos?
(wir-)verbringen die Nacht gemeinsam(Mz)
Sollen wir die Nacht zusammen verbringen?

¿Tenés un condón?
(du-)hast ein Kondom
Hast du ein Kondom?

No, no quiero.
nein, nicht (ich-)will
Nein, ich will nicht.

¡Dejame tranquilo / tranquila!
laß(!)-mich ruhig(m/w)
Laß mich in Ruhe!

Für AIDS wird in Argentinien der Begriff **SIDA** (Abk. für **síndrome de inmuno-deficiencia adquirida**) benutzt.

Floskeln & Redewendungen

Die folgenden umgangssprachlichen Redewendungen können eigentlich in jedem Gespräch vorkommen. Oft sind mehrere Alternativen für einen Ausdruck angegeben.

Adelante. (vorwärts) / **¡Afuera!**	Herein. / Raus!
Pará. (bleib!) / **Escuchá.**	Warte mal. / Hör mal.
A ver.	Mal sehen.
¡Controlate! / **¡Calmate!**	Beherrsch / beruhige dich!
¡Imaginate!	Stell dir vor!
¡Acercate! / **¡Sentate!**	Komm näher! / Setz dich!
Nos vamos.	Wir gehen. Gehen wir!
Y todo. (und alles) **Y toda la milonga.**	Und so weiter.
¿Sos loco vos?	Bist du verrückt / bescheuert?
¡Qué golpe / desastre / lástima!	Was für ein Schlag / Pech / Elend!
Esto es algo horrible.	Das ist ja schrecklich!
Por eso te dije.	Das habe ich dir ja gesagt.
No me sale.	Es fällt mir nicht ein.
No me hagas reir, hijo.	Mach keine Witze. (**hijo** = Sohn)
¡Qué me decís! (was mir (du-)sagst)	Was für ein Unsinn!
Me parece ... (mir (es-)scheint ...)	Ich glaube ...
No lo creo. (nicht es (ich-)glaube)	Ich glaube es nicht.
Como no.	Na klar, warum nicht?
Depende ... (es-abhängt)	Kommt darauf an ...
Así es. / **¡Es verdad!** (ist Wahrheit)	So ist es. / Das ist wahr!
Tenés razón. (hast Vernunft)	Sie haben (du hast) recht.
Así dicen. / **Puede ser.**	Das sagt man. / Kann sein.
¿Estás seguro?	Bist du sicher?
No lo sé todavía.	Weiß ich noch nicht.
Dejame en paz.	Laß mich in Ruhe.
¿Qué me contás?	Was erzählst du denn da?
Y yo, ¿qué sé? / **Ni idea.**	Was weiß ich denn? / Keine Ahnung.
Ya te explico.	Ich erklär's dir.
¡Qué cosa! (was Sache)	Na sowas!
¡Claro! / **¡En efecto!** (in Wirkung)	Sicher! / In der Tat!
¡Me gusta mucho! (mir gefällt viel)	Es gefällt mir sehr!
Bueno, bárbaro. / **¡Re-bárbaro!**	Gut, toll! / Supertoll!

Zu Gast sein

Eine Einladung ist immer ernst gemeint, und es wird erwartet, daß man auch kommt, denn das Leben zu Hause gehört einfach dazu.

Estoy preparando la cena.
(ich-)bin vorbereitend das Abendessen
Ich mache Abendbrot.

Está poniendo la mesa.
(er/sie-)ist deckend den Tisch
Er/sie deckt den Tisch.

¿Dónde está el pan?
wo (es-)ist das Brot?
Wo ist das Brot?

Está en la mesa.
(es-)ist auf der Tisch
Es ist auf dem Tisch.

¡Qué aproveche(s)!
daß (du-)ausnutzt
Guten Appetit!

¡Servite!
bedien(!)-dich
Bitte, nimm dir / bedien dich!

Me gusta muchísimo!
mir (es-)gefällt viel-sehr
Es schmeckt mir ausgezeichnet!

¡Es excelente!
(es-)ist ausgezeichnet
Es ist ausgezeichnet!

Estoy lavando la vajilla.
(ich-)bin abwaschend das Geschirr
Ich wasche das Geschirr ab.

Está quitando la mesa.
(er/sie-)ist abräumend der Tisch
Er/sie räumt den Tisch ab.

Mate ist ein Tee aus getrockneten Blättern eines Strauches, der in Argentinien **yerba** (Kraut) genannt wird. Er hat einen tabakartigen Geschmack. Der Tee wird in einem kleinen Kürbis (genannt **mate**) zubereitet, indem kochend heißes Wasser darübergegossen wird. Man reicht dann dieses Gefäß wie eine Friedenspfeife herum. Zum Trinken verwendet man eine **bombilla,** ein Saugröhrchen aus Silber, das am unteren Ende einen Teefilter besitzt. Alle trinken aus derselben **bombilla,** ohne hygienische Bedenken.

Am 29. jeden Monats werden **ñoquis** gegessen, eine Art gekochter Teig, ähnlich wie Nudeln. Man nennt **ñoquis** auch die Arbeiter, die nur am 29. kommen, um den Lohn zu kassieren.

Familie

Die Familie ist, vor allem für die Leute auf dem Land, das wichtigste überhaupt. Wenn man als Pärchen unterwegs ist, wird man sicher oft gefragt, wieso man noch keine Kinder hat, vor allem in der "Provinz".

Die Bezeichnungen **novio** und **novia** werden in erster Linie für "fester Freund" bzw. "feste Freundin" gebraucht, während **amigo** und **amiga** vor allem "Bekannte" bedeuten. Zu beachten ist, daß man für "Eltern, Großeltern, Geschwister, Kinder" die männliche Form in der Mehrzahl verwendet: **los padres** (die Eltern), **los abuelos** (die Großeltern), **los hermanos** (die Geschwister), **los hijos** (die Kinder). In der Umgangssprache sagt man auch **viejo** (Alter) und **vieja** (Alte) zu den Eltern **(viejos)**.

¿Tenés hermanos?
(du-)hast Brüder
Hast du Geschwister?

Sí, una hermana / un hermano.
ja, eine Schwester / ein Bruder
Ja, eine Schwester / einen Bruder.

¿Estás casado / casada?
(du-)bist verheiratet(m/w)
Bist du verheiratet?

No estoy casado / casada.
nicht (ich-)bin verheiratet(w/m)
Ich bin nicht verheiratet.

¿Tenés hijos?
(du-)hast Söhne
Hast du Kinder?

Sí, tengo una hija / uno hijo.
ja, (ich-)habe eine Tochter / ein Sohn
Ja, eine Tochter / einen Sohn.

abuelo	Opa	**abuela**	Oma
padre (m)	Vater	**madre** (w)	Mutter
hijo	Sohn	**hija**	Tochter
hermano	Bruder	**hermana**	Schwester
tío	Onkel	**tía**	Tante
sobrino	Neffe	**sobrina**	Nichte
marido	Ehemann	**esposa**	Ehefrau
cuñado	Schwager	**cuñada**	Schwägerin
primo	Cousin	**prima**	Cousine
nieto	Enkel	**nieta**	Enkelin
novio	Verlobter	**casado**	verheiratet
divorciado	geschieden	**viudo**	verwitwet

Unterwegs ...

Der **Straßenverkehr** ist leider sehr gefährlich. Rote Ampeln werden oft mit Hupe oder Lichthupe überfahren, Fußgänger haben keine "Vorfahrt", und auch "rechts vor links" gilt nicht. Zuerst fährt, wer mehr Mut oder den älteren Wagen hat. Überholt werden kann auf jeder Spur, zum Abbiegen werden oft mehrere Spuren geschnitten, Blinken ist nicht obligatorisch.

Das beliebteste Verkehrsmittel ist der **colectivo** (Bus), dann folgen **subte** (U-Bahn in Buenos Aires) und das Taxi. Bei den Bussen gibt es viele Linien, die die ganze Nacht hindurch fahren **(servicio nocturno).**

Im Unterschied zu den gewöhnlichen Bussen **(tarifa común),** die zu den Hauptverkehrszeiten brechend voll sind, gibt es auf einigen Strecken, z. B. vom Zentrum zum Flughafen, klimatisierte Busse **(servicio diferencial),** die teurer, aber viel bequemer sind und nicht an jeder Ecke anhalten.

In manchen Städten (z. B. La Plata) haben die Straßen keine Namen, sondern nur Nummern. Zu einer vollständigen Adresse gehören nicht nur die Hausnummer, sondern auch die Etage und eine Angabe, um welche Wohnung es sich handelt. An den Briefkästen (wenn es welche gibt) stehen keine Namen, und der Postbote oder der Hausmeister schieben die Briefe unter der Tür durch.

... wo geht's lang?

Podría decirme, ¿dónde está el museo nacional?
(Er-/Sie-)könnte sagen-mir, wo (es-)ist das Museum national
Können Sie mir sagen, wo das Nationalmuseum ist?

Por favor, ¿hay un correo por acá cerca?
für Gefallen, es-gibt eine Post für hier nahe
Entschuldigung, gibt es hier in der Nähe eine Post?

Perdón, ¿la calle Florida?
Verzeihung, die Straße Florida
Entschuldigung, wo geht's zur Florida-Straße?

¿Andás a pie o en colectivo?
(du-)gehst zu Fuß oder in Bus
Gehst du zu Fuß, oder fährst du mit dem Bus?

Tomá la primera calle a la izquierda.
nimm(!) die erste Straße zu der linken
Nimm die erste Straße links.

Después seguí derecho hasta la esquina.
dann folge(!) geradeaus bis die Ecke
Dann geradeaus bis zur Ecke.

Entonces son dos cuadras al teatro Colón.
danach (sie-)sind zwei Häuserblocks zum Theater Colón
Danach sind es 200 Meter bis zum Theater Colón.

primero	zuerst	**¡cruzá/crucen!**	überquere/-quert!
después	dann	**¡andá/anden!**	geh/geht!
luego	später	**¡vá/vayan!**	
finalmente	schließlich	**a la izquierda**	(nach) links
aquí, acá	hier	**a la derecha**	(nach) rechts
allí, allá	dort	**cerca**	nahe
para acá	hierher	**lejos**	weit
para allá	dahin	**al fondo**	hinten
¡girá/giren!	biege/biegt ab!	**al lado de**	neben
¡seguí/siguen!	folge/folgt!	**delante de**	vor

... in der Stadt

barrio	Stadtteil
centro	Zentrum
cuadra	Häuserblock (100 x 100 Meter)
iglesia	Kirche
municipalidad (w)	Rathaus
museo	Museum
taller (m)	(Auto)Werkstatt

... mit öffentlichen Verkehrsmitteln

Im Gegensatz zu anderen südamerikanischen Ländern gibt es in Argentinien ein gut ausgebautes Eisenbahnnetz, vor allem in Buenos Aires. Meist etwas teurer, aber auch viel komfortabler sind die Reisebusse. Man kann jede Stadt in Argentinien und viele Städte in den angrenzenden Ländern (z. B. Montevideo, Rio, Santiago, Lima) mit dem Bus erreichen. Internationale Fahrkarten kann man nur unter Vorlage eines gültigen Reisepasses kaufen.

¿Dónde está la proxima parada de colectivos?
wo (sie-)ist die nächte Haltestelle von Bussen
Wo ist die nächste Bushaltestelle?

¿Hay un subte hasta el shopping "Alto Palermo"?
es-gibt eine U-Bahn bis das Einkaufszentrum "hohes Palermo"
Gibt es eine U-Bahn zum Einkaufzentrum "Alto Palermo"?

¿Dónde se venden los boletos?
wo man (sie-)verkaufen die Fahrkarten
Wo kann man die Fahrkarten kaufen?

Allá, en la boletería.
dort, in der Schalter
Dort am Schalter.

Gracias, muy amable.
danke, sehr freundlich
Vielen Dank.

Un boleto a Florianópolis, por favor.
eine Fahrkarte nach Florianópolis, für Gefallen
Einmal nach Florianópolis, bitte.

¿Tenés documento?
(du-)hast Ausweis
Hast du einen Ausweis?

Sí, acá está.
ja, hier (er-)ist
Ja, hier ist er.

¿Cuándo sale el micro?
wann (er-)verläßt der Bus
Wann fährt der Bus ab?

¿Cuándo llegamos?
wann (wir-)ankommen
Wann kommen wir an?

Die Sitzplätze in den Bussen für weite Strecken sind immer reserviert und numeriert.

Perdón, éste es el mío.
Verzeihung, dieser (er-)ist der meine
Entschuldigung, das ist mein Platz.

Vos, ¿qué número tenés?
du, was Nummer (du-)hast
Welche Nummer hast du?

arribo, llegada	Ankunft	**viaje** (m)	Reise, Fahrt
salida	Abfahrt	**asiento**	Sitzplatz
agotado	ausverkauft	**lleno**	voll
peaje (m)	Zahlstelle	**postergado**	verschoben
descuento	Ermäßigung	**tren** (m)	Zug
boleto	Fahrkarte	**estación de**	Bahnhof
bulto	Gepäckstück	**ferrocarril** (w)	
sólo ida	nur Hinfahrt	**avión** (m)	Flugzeug
ida y vuelta	Hin- und	**aeropuerto**	Flughafen
	Rückfahrt	**barco**	Schiff
valija	Koffer	**puerto**	Hafen

Wenn man im Bus sitzt und bei der nächsten Haltestelle aussteigen möchte, ruft man:

¡Pará, por favor!
anhalte(!), für Gefallen
Bitte anhalten!

¡La próxima!
die nächste
Die nächste Haltestelle!

Die meisten Busse haben allerdings einen Knopf oder eine Schnur, die mit einer Klingel beim Fahrer verbunden ist.

... mit dem Taxi

In Buenos Aires gibt es etwa 30.000 Taxis. Im Zentrum genügt ein kurzes Heranwinken mit der Hand, um ein freies Taxi anzuhalten. Das gleiche Handzeichen gilt übrigens auch für Busse; denn diese halten nicht automatisch an jeder (für den Touristen oft nicht erkennbaren) Haltestelle. Im Unterschied zu den Taxis sollte man den Arm jedoch weiter nach oben ausstrecken.

Freie Taxis erkennt man daran, daß ein kleines rotes Schild "**libre**" (frei) aufleuchtet. Bei längeren Strecken sollte man den Preis vorher erfragen. Alle Taxis haben Taxameter mit unterschiedlichen Tarifen für Tages- und Nachtfahrten. Ein Taxi kann den Tarif beim Überqueren der Stadtgrenze erhöhen, da es auf dem Rückweg keine Fahrgäste befördern darf. Achtung: In den Städten, wo der Flughafen weit außerhalb der Stadt liegt. Dort kann man schon mal bis zu 50 Dollar zahlen (z. B. von Ezeiza nach Buenos Aires). Dem Taxifahrer gibt man im allgemeinen kein oder nur wenig Trinkgeld, es sei denn, man hat viel Gepäck dabei.

¿Cuánto me cobrás hasta el terminal de omnibuses?
wieviel mir (du-)kassierst bis zu der Terminal von Bussen
Wieviel kostet es bis zum Busbahnhof?

¿Por cuánto me llevás a la estación Plaza Once?
für wieviel mich (du-)bringst zu der Bahnhof "Platz Elf"
Wieviel kostet es bis zum Bahnhof "Plaza Once"?

Pará acá, por favor.
anhalte(!), für Gefallen
Bitte hier anhalten!

Die Mütter der "Plaza de Mayo"

In Argentinien herrschte von 1976 bis 1983 eine Militärdiktatur, die mit dem Falklandkrieg beendet werden konnte. Während dieser Zeit sind etwa 30.000 Personen von den Militärs entführt worden und bis auf wenige Ausnahmen bis heute nicht wieder aufgetaucht. Viele von ihnen waren Studenten, deren Namen auf riesige Plakate geschrieben worden sind und z. B. in der Universität von Buenos Aires zu sehen sind. Unter den Entführten waren auch viele Kinder. Die Mütter und Großmütter der Opfer treffen sich seit 1977, also schon während der Diktatur, regelmäßig jeden Donnerstag nachmittag an der Plaza de Mayo in Buenos Aires, um für die Menschenrechte zu demonstrieren. Natürlich weiß man, daß viele der Entführten tot sind, erschossen oder gefoltert; aber die Schuldigen sind nicht bestraft worden. In ganz Argentinien gibt es Gruppen und Organisationen, die die Arbeit der "**Madres de la Plaza de Mayo**" unterstützen.

derecho	Recht
derechos del hombre	Menschenrechte
desaparecidos	Verschwundene
paz (w)	Frieden
justicia	Gerechtigkeit
dictadura militar	Militärdiktatur
movimento ecuménico	ökumenische Bewegung
tortura	Folter
cámara de tormento	Folterkammer
centro clandestino	geheimes KZ
asesino	Mörder
asesinato	Mord
¡nunca más!	niemals wieder!
Ley del Punto Final	"Schlußstrichgesetz" (beinhaltet faktisch eine Amnestie der Militärs)

An der Plaza de Mayo finden auch alle anderen Demonstrationen statt, z. B. die der Pensionäre, denen seit Jahren die Rente nicht oder nur teilweise gezahlt worden ist; die der Lehrer, die mit geringstem Einkommen keinen vernünftigen Unterricht mehr machen können, vor allem außerhalb der Metropole.

manifestación (w)	Demonstration
jubilados (Mz)	Rentner
profesores (Mz)	Lehrer

Auf dem Land

● Geographische Bezeichnungen

norte (m)	Norden	**sur** (m)	Süden
este (m)	Osten	**oeste** (m)	Westen

riachuelo	Bach	**mar** (m)	Meer
monte (m)	Berg	**arena**	Sand
chacra, campo	Feld	**lago**	See
roca	Fels	**punta**	Spitze, Berggipfel
río	Fluß	**pampa**	Steppe, Ebene
sierra	Gebirge	**playa**	Strand
cueva	Höhle	**valle** (m)	Tal
morro	Hügel	**bosque** (m)	Wald
isla	Insel	**catarata**	Wasserfall
costa	Küste		

choclo

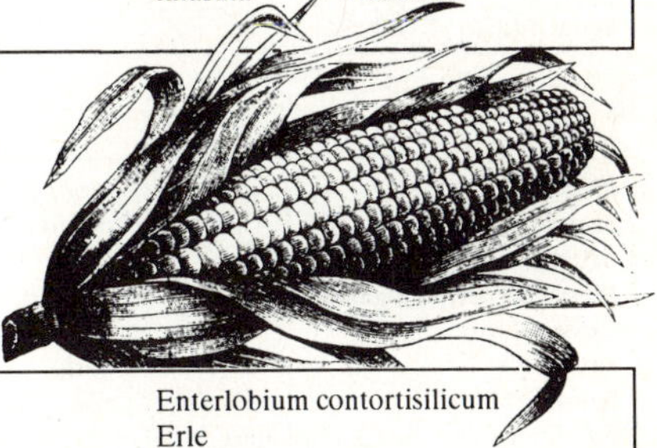

● Pflanzen

timbó colorado	Enterlobium contortisilicum
alisco, chopo	Erle
mandioca	Maniok
yerba mate	Mate-Pflanzen
palmera	Palme
arroz (m)	Reis
nenúfar (m)	Seerose
tabaco	Tabak
sauce llorón (m)	Trauerweide
lapacho, ceibo, urunday (m)	verschiedene Baumarten
junco, hunco	Wasserpflanzen
espadaña	Zizaniopsis bonariensis

Haustiere

burro	Esel	**gato, mizo, morrongo**	Katze
caballo	Pferd	**chancho, cerdo**	Schwein
cachorro, perro	Hund		
chivito	Ziege		

Insekten

hormiga	Ameise	**escarabajo**	Mistkäfer
pulga	Floh	**mariposa**	Schmetterling
luciérnaga	Glühwürmchen	**araña**	Spinne
grillo	Grille	**mosquito**	Stechmücke
cigarra	Käferart	**araña pollito**	Vogelspinne
cucaracha	Kakerlake	**avispa**	Wespe
piojo	Laus	**gusano**	Wurm, Larve
aguacil (m)	Libelle		

Vögel

halcón (m)	Falke
murciélago	Fledermaus
urubú (m)	Geierart
jilguero, gorrión amarillo de las casas	Art Grünfinke
cardenal (m)	Kardinal
colibri (m)	Kolibri
ñandú (m)	Nandu
loro, papagayo; loro barranquero	Papagei; grüner Papagei
cuervo	Rabe
carancho	Rabengeier
perdiz (w), **inambú** (m)	ähnl. Rebhuhn
pechos rojos	Rotkehlchen
cabecita roja	Rotköpfchen mit grauem Körper
golondrina	Schwalbe
benteveo, pitaguá, quetupí, tristefín	Schwefeltyrann
carpintero	Specht
cigüeña	Storch
buho	Uhu

caranchо
puma
cardenal
vicuña
ñandú
pecarí

● Landtiere

oso hormiguero	Ameisenbär	**vizcacha**	Pampa-Hase
comandreja	Beutelratte	**pecarí** (m)	Pekari
sapo	Frosch	**puma**	Puma
zorro	Fuchs	**tortuga**	Schildkröte
lagarto verde	grünes Krokodil	**zorrino**	Stinktier
		vicuña; llama	Vikunja; Lama
iguana	Leguan	**víbora**	Viper, Schlange
laucha	Maus	**yarará** (m)	giftige Schlangenart

der Chaco

Die Bedeutung des Wortes "**chacu**" im Quichua ist "Jagdrevier". Er umfaßt die argentinischen Provinzen Chaco, Formosa, Teile von Santiago del Estero, Tucumán und Salta bis nach Bolivien und Paraguay. Das Klima reicht von subtropisch im Osten bis tropisch im Westen. Da der Winter im Westen sehr trocken ist, wird der undurchdringbare Wald hier zur dornigen Steppe, auf der nur noch Büsche zu finden sind. Die vielen Gerbereien verwenden den **quebracho colorado,** der für die Region typisch ist und Gerbsäure für die Lederherstellung liefert.

quebracho (colorado / blanco)	Gerbsäure-Baum (rot / weiß)
claro	Lichtung (durch Abholzen von Quebrachos)
laurel (m); **roble** (m); **cedro**	Loorbeer; Eiche; Zeder
algarrobo	Johannisbrotbaum
palo borracho	Chorisia insignis
yuchán	gelbe Blüten des **palo borracho**
samuhú	rosa Blüten des **palo borracho**
paina	"Wolle" des **palo borracho,** wird als Kissenfüllung verwendet

Tiere des Chaco:

mono	Affe	**cobra**	Kobra
oso hormiguero	Ameisenbär	**tucano**	Tukan
mico	langschwänzige Affenart	**tapir** (m)	Tapir

die Pampa

"Pampa" bedeutet im Quichua "baumloses Flachland". Zu ihr gehören die Provinzen La Pampa, Buenos Aires, Cordoba und Santa Fé. Die nordwestliche Pampa wird **pampa húmeda** genannt; sie reicht von den Flüssen Paraná, Río de la Plata bis Bahía Blanca. In dem gemäßigten, immer feuchten Klima verwandelten die Bewohner im Laufe der Zeit die ursprünglich baumlose Vegetation in Wälder, Argentiniens größte Felder und Viehweiden.

pampa húmeda	feuchte Pampa	**avena**	Hafer
ombú (m)	Phytolacca dioica	**girasol** (m)	Sonnenblume
álamo	Pappel	**maní** (m)	Erdnuß
eucalipto	Eukalyptus	**soya**	Soja
trigo	Weizen	**papa**	Kartoffel
cebada	Gerste		

Die südwestliche Pampa wird **pampa seca** genannt. Es handelt sich um eine trockene Steppe mit Pflanzen, die ohne viel Wasser in einem salzigen Boden auskommen.

pampa seca	trockene Pampa
tala	Celtis selloviana
flechilla	Pfeilgras
gramilla	eine Grasart (Paspalum distichum)
cebadilla	Gerstenart

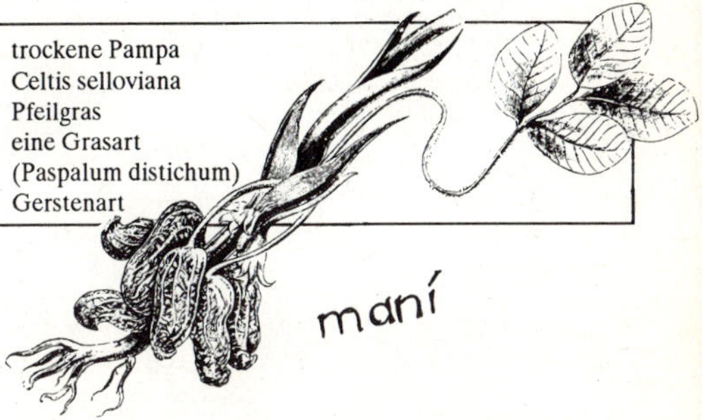

Tiere der Pampa:

pato	Ente	**vizcacha**	Pampahase
flamingo	Flamingo	**perdiz** (w)	Rebhuhn
rana	Frosch	**perdigón** (m)	junges Rebhuhn
zorro, raposa	Fuchs	**garza**	Reiher
ciervo	Hirsch	**comadreja**	Wiesel
ñandú (m)	Nandu		

die Gauchos

Die Geschichte der Gauchos reicht bis in die Zeit der Eroberung Amerikas zurück. Das Silber, das sich die Spanier damals erhofften (darum der Name Argentiniens: "Land des Silbers"), fanden sie nicht. Statt dessen brachten sie Pferde und Rinder ins Land, die vor allem in der Pampa bestens gediehen.

Gauchos hießen diejenigen, die in der Pampa lebten und keinen festen Wohnsitz hatten. Sie jagten und schlachteten von den mittlerweile wild lebenden Rindern soviel, wie sie und ihre Familien zum Überleben benötigten. Zu jener Zeit konnte man das Fleisch weder konservieren noch verkaufen, da die Entfernungen zur nächstgrößeren Stadt jeweils beträchtlich waren.

Matepflanze (**yerba mate**), **calabaza** und **bombilla**

Anfang des 19. Jahrhunderts änderte sich die Situation der Gauchos, als nämlich Fleisch mit Salz haltbar gemacht wurde und exportiert werden konnte. Nun bildeten sich auch die **estancias** in größerer Zahl, als Menschen mit irgendwelchen alten Dokumenten auf Landstriche Anspruch erhoben und in Besitz nahmen, damit gleichzeitig auch das Vieh, das darauf weidete. Zäune wurden aufgestellt und die eingefangenen Rinder mit Brandzeichen versehen. Die immer noch wohnsitzlosen Gauchos galten plötzlich als Viehdiebe, da sie ihre Lebensweise nicht umstellten und genau wie vorher jagten.

Schließlich wurden alle Gauchos ohne eigenen Grundbesitz durch ein Gesetz gezwungen, als Angestellte z. B. auf einer **estancia** als Viehtreiber oder -fänger zu arbeiten. Die Alternative war, für mehrere Jahre an die Indio-Grenze geschickt zu werden oder sich mit den Gesetzeshütern anzulegen, was aber meistens mit dem Tod der Gauchos endete.

Die Gauchos waren nicht nur Viehtreiber, sondern oft auch Sänger und Gitarristen. In der argentinischen Folklore sind ihre Gedichte erhalten geblieben.

Heutzutage wird die Kunst der Gauchos, mit Pferden und Rindern umzugehen, heroisierend dargestellt, indem z. B. das Zähmen von Jungtieren vorgeführt wird. Die zur Schau gestellte brutale Art ist jedoch nicht authentisch; ursprünglich wurden die Tiere mit Geduld und Gutmütigkeit gezähmt.

Zwei Bräuche, die auf die Gauchos zurückgehen, haben sich nicht nur in der Landbevölkerung, sondern auch in den Städten gehalten: zum einen das Trinken von Mate aus einem ausgehöhlten Kürbis, der herumgereicht wird; jeder schlürft den starken, grünen Tee dann aus einem Silberröhrchen. Das andere Überbleibsel ist der **asado,** ein Grill, auf dem große Rinderviertelchen auf einem offenen Holzfeuer zubereitet werden.

gaucho	argentinischer Viehhirt, Cowboy; auch die Bewohner des Río Grande do Sul in Brasilien nennen sich Gauchos
doma	gewaltsames Zähmen von jungen Pferden zur Schau
yerba	Mate-Tee
bombilla	Silberröhrchen zum Mate-Trinken
calabaza	Gefäß zum Mate-Trinken, aus einem Kürbis hergestellt
asado	Grill
estancia	Farm für Viehzucht
estanciero	Besitzer einer **estancia**
peón (m)	Landarbeiter, Gaucho, der auf einer **estancia** arbeitet
guitarra	Gitarre
poncho	Umhang, den die Gauchos vor allem bei Kälte benutzen

Patagonien

Dieses riesige, kaum besiedelte Gebiet erstreckt sich ungefähr über die Provinzen Neuquén, Chubut, Tierra de Fuego (Feuerland) und Mendoza. In den patagonischen Anden wächst ein dichter, feuchtkalter Regenwald. Hier liegt auch das Skigebiet um Bariloche. Ein ganz anderes Bild bietet der restliche flachere Teil von Patagonien: rauhes Klima, starke Winde, Steppe mit niedrigem Buschwerk. Im Meer und auf den nahen Inseln leben im südlichen Teil Seelöwen, Wale, Pinguine sowie unzählige Meeresvögel.

alerce (m)	Lärche
ciprés (m)	Zypresse
guindo	Kirschbaum
raulí (m)	Nothofagus nervosa
lenga, araucaria	sehr hohe Baumarten
neneo, llareta, **coirón** (m)	harte Buscharten mit tiefen, festen Wurzeln
arrayán (m)	Myrte
zarzamora	Brombeere
frutilla	Erdbeere

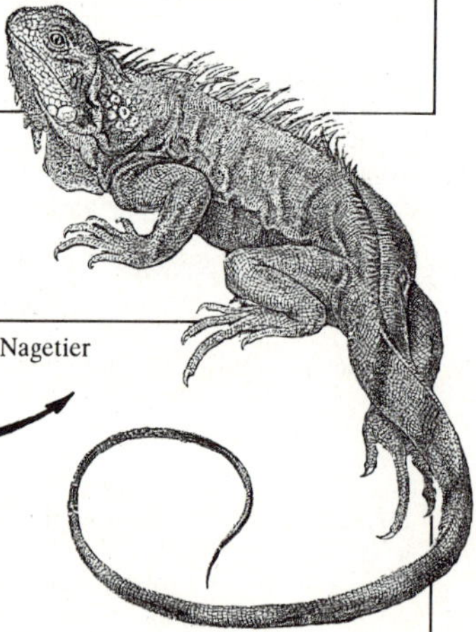

Tiere in Patagonien:

nutria	biberartiges Nagetier
guanaco	Guanako
salmón (m)	Lachs
iguana	Leguan
mara	Pampahase
pingüino, pájaro bobo	Pinguin
puma (m)	Puma
león marino (m)	Seelöwe
huemul (m)	Hirschart
ballena	Wal
pudu (m)	Zwerghirsch
centolla	Taschenkrebs (große Krabbenart)

Übernachten

Eine Unterkunft oder ein Zimmer zu bekommen, ist leider sehr schwierig und kompliziert. Oft sieht man Schilder wie "**habitación disponible**" ("Zimmer frei"), fragt man jedoch nach, dann ist alles belegt.

Quisiera ... / quisieramos ...	Ich möchte ... / wir möchten ...
... una pieza (ein Stück) **... una habitación**	ein Zimmer
... para compartir	zum Teilen
... para uno sólo	Einzelzimmer
... para matrimonio (für Ehepaar)	Doppelzimmer

¿Cuánto cuesta ...?	Wieviel kostet (es) ...?
... sólo una noche	eine einzige Nacht
... para unos días / una semana	für einige Tage / eine Woche
... por día (diario)	pro Tag (täglich)
... por semana (semanal)	pro Woche (wöchentlich)
... por mes (mensual)	pro Monat (monatlich)

¿Tenés una habitación / una pieza disponible?
(du-)hast ein Zimmer / ein Stück verfügbar
Haben Sie ein Zimmer frei?

No sé hasta cuando me voy a quedar.
nicht (ich-)weiß bis wann mich (ich-)gehe zu bleiben
Ich weiß noch nicht, wie lange ich bleibe.

¿Puedo ver la habitación?
(ich-)kann sehen das Zimmer
Kann ich das Zimmer sehen?

Muy bien, me voy a quedar.
sehr gut, mich (ich-)gehe zu bleiben
Gut, ich werde bleiben.

"Wohnungslatein"

Wer ein möbliertes Zimmer mieten kann - am besten direkt bei einem **dueño** (Wohnungseigentümer) -, hat Glück. In der folgenden Liste stehen einige Ausdrücke und Abkürzungen, die man in Anzeigen (**clasificados**) findet und verstehen muß:

a/acnd	**aire acondicionado**	Klimaanlage
alq	**alquilar**	vermieten
amb	**ambiente**	Zimmer
ampl	**amplio**	geräumig
ap	**apto**	geeignet
bcon	**balcón**	Balkon
c	**con**	mit
cat	**de categoría**	Luxus
cdor	**comedor**	Eßzimmer
cfte	**confortable**	komfortabel
coc	**cocina**	Küche
coch	**cochera**	Garagenstellplatz
ctas	**cuotas**	Raten
d	**doble**	zwei
de	**desde**	ab
dep	**dependencia**	Abstellkammer
dño	**dueño**	Eigentümer
dorm	**dormitorio**	Schlafzimmer
dpto	**departamento**	Wohnung
edif	**edificio**	Gebäude, Hochhaus
equip	**equipamiento**	Ausstattung (der Küche)
est	**estado**	Zustand
exp	**expensas**	Nebenkosten
fac	**facilidades**	Raten ("Erleichterungen")
fjas	**fijas**	feste (Raten)
fte	**frente**	Straßenseite
gar	**garantía**	Kaution ("Garantie")
hel	**heladera**	Kühlschrank
hs	**horas**	Uhr
jdin	**jardín**	Garten
kitch	**kitchenette**	Kochnische
lav	**lavadero**	Waschraum

liv	**living**	Wohnzimmer
lum	**luminoso**	hell
p	**por**	wegen
pb	**planta baja**	Erdgeschoß
parr	**parrilla**	Grillplatz
peq	**pequeño**	klein
plac	**placard**	Einbauschrank
ppio	**propio**	eigen
ptio	**patio**	Hof
recic	**reciclado**	renoviert
s	**sin**	ohne
tza	**terraza**	Terrasse
ubic	**ubicación**	Lage
urg	**urgente**	dringend
v	**ver**	ansehen
vis	**visitar**	besuchen, ansehen
vvda	**vivienda**	Wohnung

Essen & Trinken

Lebensmittel

Viele Geschäfte haben eine Bezeichnung mit der Endung **-ería.** So wird aus **galletita** (Keks) **galletitería** (Keksladen) oder aus **fruta** (Obst) **frutería** (Obstladen).

panadería	Bäckerei
verduleria	Gemüsegeschäft
rotisería	Grill (Schnellimbiß)
boliche (m)	Kneipe
mercadito	Metzger

● Obst, Gemüse und Getreide(produkte)

manzana	Apfel	**zanahoria**	Mohrrübe
naranja	Apfelsine	**fideos** (Mz)	Nudeln
damasco	Aprikose	**frutas** (Mz)	Obst
berenjena	Aubergine	**pomelo**	Pampelmuse
palta	Avocado	**morón verde** (m)	grüne Paprika
banana	Banane	**morón rojo** (m)	rote Paprika
pera	Birne	**durazno**	Pfirsich
chaucha	grüne Bohne	**puerro**	roter Porree
arvejas (Mz)	Erbsen	**arroz** (m)	Reis
frutilla	Erdbeere	**ensalada**	Salat
maní (m)	Erdnuß	**chucrut** (m)	Sauerkraut
verduras (Mz)	Gemüse	**poroto**	schwarze Bohne
pepino	Gurke	**apio**	Sellerie
papas (Mz)	Kartoffeln	**acelga,**	Spinat
repollo	Kohl	**espinaca**	
lechuga	Kopfsalat	**batata**	Süßkartoffel
ango, zapallo	Kürbis	**tomate** (m)	Tomate
lentillas (Mz)	Linsen	**sandía**	Wassermelone
maíz (m)	Mais	**limón** (m)	Zitrone
choclo	Maiskolben	**cebolla**	Zwiebel
kinoto	Miniorange	**remolacha**	Zuckerrübe

Fisch, Fleisch und Wurst

bife (m)	Beefsteak
asado	Braten
lomo, filete (m)	Filet (Fleisch)
filé (m)	Filet (Fisch)
pescado	Fisch
carne (w)	Fleisch
quadril (m)	Fleisch (best. Teil vom Rind)
churrasco	Fleisch vom Grill
carne picada (w)	Gehacktes
pollo	Hähnchen
achuras (Mz)	Innereien
modongo	Magen
nalga	Schenkel
jamón (m)	Schinken
milanesa	Schnitzel
merluza	Seehecht
calamar (m)	Tintenfisch
fiambre (m), **chorizo**	Wurst
salchicha	Würstchen

Gewürze

pimentón (m)	Paprikapulver	**pimienta**	Pfeffer
ají (m)	roter Pfeffer	**sal** (w)	Salz

● Milchprodukte

manteca	Butter
huevo	Ei
muzarella	Käse
leche (w)	Milch
queso untable / blanco	Streichkäse

● Brot und Kuchen

pan (m)	Brot
casero	Brötchen
flautita	längliches Brötchen
flauta	Baguette
medialuna	Hörnchen (Spezialität von Buenos Aires)
pan rallado (m)	Paniermehl
polenta	Plätzchen aus Maismehl
tostada	Toast
tarta	Torte (salzig)
factura	Teilchen (Gebäck)

● Süßspeisen

alfajor (m)	gefüllter Keks
crema	(süße) Sahne
empanadas (Mz)	gefüllte Pasteten
miel (w)	Honig
mermelada	Marmelade
flan (m)	Karamelpudding
galletita	Keks
garrapiñada	geröstete Erdnüsse mit rotem Zuckerguß
golosina	Süßigkeit
helado	Eis
pochoclo	Popcorn
polenta	Plätzchen aus Maismehl
chocolate (m)	Schokolade
torta	Torte (süß)
azúcar (m)	Zucker

im Restaurant

desayuno	Frühstück
almuerzo	Mittagessen
merienda	Abendessen (spät nachmittags)
cena	Abendessen (nachts)
sopa	Suppe
postre (m)	Nachtisch

In Argentinien gibt es unzählige Pizzerias. Dagegen sind die **churrascarías** reine Fleischrestaurants. Die meisten kleineren oder einfachen Restaurants bieten nicht sehr viel Auswahl auf ihrer Speisekarte, die **milanesa** (Schnitzel) ist jedoch immer dabei. Übrigens: **tomar** (nehmen) hat hier die Bedeutung "trinken".

Man setzt sich nie an einen Tisch, wenn schon jemand daran sitzt, auch wenn es nur eine Person ist und alle anderen Tische besetzt sind.

Eine Frau in Begleitung zahlt nie im Restaurant. Getrennte Rechnungen sind nicht üblich, es zahlt nur einer, und die anderen geben ihm das Geld für das, was sie verspeist haben. Das Trinkgeld wird auf dem Tisch liegengelassen. Man klemmt es halb unter einen Teller, damit es nicht vom Tisch wehen kann.

¿A qué hora cerrás / abrís?
zu was Stunde (du-)schließt / öffnest
Wann schließen / öffnen Sie?

Una mesa para dos / tres.
ein Tisch für zwei / drei.
Einen Tisch für zwei / drei.

¿Puedo ver la carta?
(ich-)kann sehen die Karte
Kann ich die Karte bekommen?

¿Gaseosas, agua, vino?
Kohlensäure-Getränke, Wasser, Wein
Sprudel, Wasser, Wein?

¿Tienen reservación?
(sie-)haben Reservierung
Haben Sie reserviert?

¿Qué querés / quieren?
was (du-)willst / (sie-)wollen
Was wünschen Sie?

¿Y para tomar?
und für nehmen
Und zum Trinken?

La cuenta, por favor.
die Rechnung, für Gefallen
Die Rechnung, bitte.

Traeme / traenos ...
bring(!)-mir / bring(!)-uns ...
Bringen Sie mir / uns ...

Me falta ...
mir (es-)fehlt ...
Mir fehlt ...

el cubierto	das Besteck	**el tenedor** (m)	die Gabel
el cuchillo	das Messer	**el plato**	der Teller
la cuchara	der Löffel	**el vaso**	das Glas
la cucharita	der Teelöffel	**la servilleta**	die Serviette

● Fleisch wird gegrillt (z. B. auf dem typisch argentinischen Grill, s.u.) oder gebraten und mit Pommes Frites oder Kartoffelpüree serviert. Natürlich kann man auch andere Beilagen, z. B. Salate, bestellen. Zum Nachtisch gibt es oft **flan** (Karamelpudding) oder **dulce con queso** (süßes Gelee mit Käse) und einen **cafecito** (Mini-Kaffee ohne Milch, dafür mit viel Zucker).
● "Gefallen" heißt **gustar,** bedeutet aber im Zusammenhang mit Lebensmitteln "schmecken". Bei Wörtern in der Mehrzahl wird **gustan** anstelle von **gusta** verwendet.

¿Te gusta la ensalada?
dir (er-)gefällt der Salat
Schmeckt dir der Salat?

¿Te gustan las empanadas?
dir (sie-)gefallen die Pasteten
Schmecken dir die Pasteten?

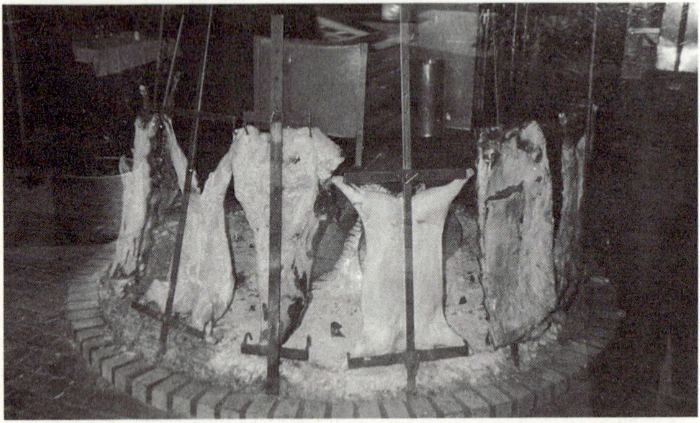

einige indianische Gerichte & Getränke

- **Locro:** Dicke Suppe aus gemahlenem Mais oder Weizen mit Fleisch, dazu Bohnen, Kartoffeln, Zwiebeln und Paprika.
- **Huajcha Locro (huajcha:** arm): Wie **Locro,** jedoch ohne Fleisch.
- **Amchi Locro:** Suppe mit geröstetem Mais und Fleisch. Das Fleisch der verschiedenen **Locros** ist meist Rind, kann aber auch Hähnchen, Schaf oder Ziege sein.
- **Choclo en Locro:** Gekochter oder gebratener Maiskolben, der anschließend geraspelt auf der **Locro**-Suppe verteilt wird.
- **Ckevishu:** Gericht aus weichem Kürbis, geraspelten Maiskolben und Zwiebeln. Dazu gebratenes Hähnchen oder Pute.
- **Sancu:** Besteht aus gebackenem Maismehl, gewürzt mit wildem Knoblauch, dazu meist Fleisch.
- **Alcucus:** Klößchen, die aus Fleisch, Mehl (aus **anchuelo,** eine bestimmte Art Weizen), Zwiebeln, Knoblauch und Orégano bestehen. Von außen werden die **Alcucus** zusätzlich mit Orégano verziert. Hochzeitsessen.
- **Chanfaina:** Eintopfgericht aus Herz, gesäuberten Därmen, Lunge oder Leber und etwas Mehl, wird zusammen mit dem Blut des geschlachteten Tieres gekocht und scharf gewürzt.
- **Pochoclo:** Salziges Popcorn.
- **Mazamorra** (auch **Api**): Maisbrei mit Milch oder Zucker.
- **Batata asada:** Gebratene Süßkartoffeln mit kalter Milch, evtl. mit Zucker.
- **Dulce de membrillo:** Quittengelee, auch aus Kürbis, Feigen, Wassermelone oder Weintrauben.
- **Patay:** Flaches Brot aus Mehl des Johannisbrotbaumes.
- **Sapallu:** Kürbis, in Milch gekocht und mit Zucker als Nachspeise. Kann auch gebraten werden.
- **Aloja:** Alkoholisches Getränk aus Johannisbrot **(algarroba).**
- **Mate de leche:** Tee mit **Pochoclo** (s.o.) anstelle von **Yerba** oder gemischt mit **Yerba.**
- **Vizcachas:** Pampahasen, kann man z. B. sauer eingelegt **(escabeche)** oder in verschiedenen Suppen essen.
- **Puchero:** Gemüseeintopf (alle Gemüsesorten, auch Maiskolben, Süßkartoffeln; Rindfleisch)

einige typische Gerichte

- **Milanesa:** Sehr dünn geschnittenes Schnitzel aus Rindfleisch. (Es gibt in Argentinien übrigens fast überhaupt kein Schweinefleisch.)
- **Dulce de leche:** Ein süßer brauner karamelartiger Brotaufstrich, der nur aus Milch und Zucher besteht.
- **Dulce de batata:** Es handelt sich um ein Gelee aus Süßkartoffeln, das meist auf einer Käsescheibe gegessen wird.
- **Pancho:** Hot dog. **Pancho** ist zusammengezogen aus **pan** (Brot) und **chorizo** (Wurst).
- **Churrasco** oder **Parrilla:** Fleisch von Rind, Ziege oder Schaf, das auf offenem Holzfeuer gegrillt wird.
- **Empanadas:** Gefüllte Teigtaschen, die in der Pfanne oder im Ofen gebraten werden. Meist mit Fleisch oder Mais **(Choclo)**.
- **Medialuna:** Der Ausdruck **medias lunas** bedeutet "halbe Monde", gemeint sind aber Croissants (Hörnchen). Süße Teilchen im allgemeinen werden **facturas** (Rechnungen) genannt. Wenn man **Medialunas** verlangt, wird man gefragt: **¿De manteca o de grasa?** (Mit Butter oder mit Fett?). Die mit Butter sind süßer und schmecken besser.
- **Albóndigas:** Klößchen mit verschiedenen Fleischsorten.
- **Garrapiñada:** Geröstete Erdnüsse, die mit einem rötlichen Zuckerguß versehen und auf der Straße verkauft werden. **Garrapiñada de almendras:** Geröstete Mandeln mit Zuckerguß.
- **Chivito:** Ziegenfleisch, **al horno** (im Ofen) oder **asado** (auf offenem Feuer gebraten).

Getränke

leche (w)	Milch
(el) agua mineral (w)	(das) Mineralwasser
café (m); **flojo**	Kaffee; flau (Kaffee)
yerba; mate cocido	Matetee; gekochter Matetee
té (m)	Tee
jugo	Saft
coca	Coca Cola
gaseosa	Limonade
cerveza	Bier
vino tinto	Rotwein
vino blanco	Weißwein

Viele Ausdrücke gibt es für das **"Saufen"**. Man wird aber z. B. auf der Straße nie Betrunkene antreffen.

achispado	angeheitert
achispar	jemanden betrunken machen
achumado	betrunken
achumarse	sich besaufen
adobado	besoffen (gespr. "-ao")
afecto al trago	Säufer (**trago** = Schluck)
almarearse (in Salta)	trinken, bis man nicht mehr grade gehen kann
borracho	betrunken (**borracha** = Weinschlauch)
borrachada	Besäufnis
calentar el pico	einen heben ("erhitzen den Schnabel")
caliente ("heiß")	leicht angetrunken
curarse ("sich heilen")	sich betrinken
curda	Besäufnis, Betrunkener
curdela, curdelón, cupador	Gewohnheitstrinker, Säufer
chupado	besoffen (**chupar** = saugen, saufen)
darse a la bebida	sich dem Saufen widmen
darse a la droga	gleichmäßigen Alkoholpegel halten
dar un beso ("... Kuß")	einen Schluck aus der Flasche nehmen
empinador(a)	Trinker(in)
empinar ("sich aufrichten")	Flasche bis zum letzten Tropfen austrinken
empinar el codo	saufen ("aufrichten den Ellenbogen")
enmonarse	sich besaufen (**mona** = Rausch)
en pedo ("in Furz")	im Vollrausch
macha (im Norden)	Besäufnis
machado	Säufer
machale (in Santiago)	betrunken
ponerse apedao	sich einen antrinken
puntearse	zu viel getrunken haben
quebracho ("Gerbsäure")	mieser Wein
ser más borracho que una uva	voll sein wie eine Haubitze
ser una cuba	sich sehr dem Alkohol hingeben
tener cultura alcohólica	Trinker, der nicht über die Stränge schlägt
tener mala bebida	durch Alkohol schlecht gelaunt sein
tener mal vino	durch Alkohol agressiv werden
tener un fa	besoffen sein
trago	Schluck
upia (in Santiago)	Gelage (**"upyay"** = trinken, Quichua)
upialo (in Santiago)	Trinker

Einkaufen

Viele Geschäfte haben auch samstags und sonntags geöffnet, weil die Leute oft nur am Wochenende Zeit zum Einkaufen haben. In den Provinzen sind oft lange Mittagspausen **(siesta)** üblich, z. B. von 12.00 bis 16.30 Uhr. Dafür öffnen die Geschäfte in den kühleren Abendstunden bis spät in die Nacht.

Argentinien ist das teuerste Land Südamerikas. Die wenigen Sachen, die billiger sind als bei uns, sind Rindfleisch, Apfelsinen, Kartoffeln und süße Teilchen.

cerrado	geschlossen
abierto	geöffnet
descuento	Rabatt
fin de temporada	Schlußverkauf
oferta	Sonderangebot
liquidación (w)	Ausverkauf
sin recargo	ohne Zuschlag
caja	Kasse

Schlange stehen

Ein typischer südamerikanischer (nicht nur argentinischer) Brauch ist das Schlangestehen. Überall, wo mehr als drei Leute warten, bildet sich eine Schlange. Im Supermarkt wird es besonders lästig, da sich niemand (bei der sich im allgemeinen schnell ändernden Währung) so schnell mit den Geldscheinen zurechtfindet und die Kassierer oft Probleme haben, Geld zu wechseln.

Forme fila.
form(!) Reihe
Bilden Sie eine Schlange!
(steht an allen Bushaltestellen)

Llevo media hora esperando.
(ich-)trage halbe Stunde wartend
Ich warte seit einer halben Stunde.

Lo siento, pero ahora me toca a mí.
es (ich-)fühle, aber jetzt mich (es-)berührt zu mir
Tut mir leid, aber jetzt bin ich dran.

Perdone, yo pensaba que me toca a mí.
verzeih(!), ich dachte daß mich (es-)berührt zu mir
Entschuldigung, ich dachte, ich wäre dran.

... auf dem Markt

In Buenos Aires sind die Märkte überdacht und tragen den pompösen Namen **centro de abastecimiento** (Versorgungszentrum). Handeln ist im allgemeinen nicht möglich.

¿Cuánto salen las papas?
wieviel (sie-)rausgehen die Kartoffeln
Wieviel kosten die Kartoffeln?

Cincuenta centavos tres kilos.
fünfzig Centavos drei Kilo
Drei Kilo kosten 50 Centavos.

Bien, dame dos kilos.
gut, gib(!)-mir zwei Kilos
Gut, gib mir zwei Kilo.

¿Y las chauchas?
Und die Bohnen?

A ver ... Un peso el kilo.
Mal sehen ... Ein Peso das Kilo.

Pues, voy a llevar un kilo de chauchas.
dann, (ich-)gehe zu tragen ein Kilo von Bohnen
Also, dann nehme ich ein Kilo Bohnen.

¿Algo más?
etwas mehr
Sonst noch etwas?

No, nada más.
nein, nichts mehr
Nein, sonst nichts.

Einkaufsliste

pila	Batterie
estampilla	Briefmarke
paños higiénicos (Mz)	Damenbinde
abrelatas (m)	Dosenöffner
película	Film
bombilla	Glühbirne
peine (m)	Kamm
casete (virgen) (m)	Kassette (leere)
broche (m)	Klammer (Heft-, Wäsche-)
adhesivo; tela adhesiva (transparente)	Klebstoff; Klebeband
condón (m)	Kondom
destapador (m)	Korkenzieher
birome (m)	Kugelschreiber
curita	Pflaster
mapa (de la ciudad) (m)	(Stadt-)Plan
postal (w)	Postkarte
borrador (m)	Radiergummi
destornillador (m)	Schraubenzieher
jabón (m); **shampú** (m)	Seife; Shampoo
ficha	Stecker
fósforos (Mz)	Streichhölzer
tapón (m)	Tampon
anticonceptivo	Verhütungsmittel
detergente (m)	Waschmittel
pañales (Mz)	Windeln
cepillo; crema dental, dentífrico	Zahnbürste; Zahnpasta
revista; diario	Zeitschrift; Zeitung

Kleidung

Wer längere Zeit im Land bleibt, muß sich auch mal etwas zum Anziehen kaufen. Die Auswahl an schönen und eleganten Artikeln ist unbegrenzt.

talle (w)	Größe (Kleidung)
calzoncillo	Unterhose
remera	T-Shirt, Unterhemd
camiseta	Unterhemd
blusa	Bluse
camisa	(Ober)Hemd
buzo, chumba, chompa, suéter (m)	Pullover, Sweat-Shirt
corpiño, soutien (m)	BH
cinturón (m)	Gürtel
corbata	Kravatte
guante (m)	Handschuh
cierre (m)	Reißverschluß
pollera	Rock
ambo	Anzug
pantalón (m)	Hose
vaqueros (Mz)	Jeans **(vaca:** "Kuh")
conjunto jogging	Jogginganzug
pañalero	Latzhose (für Babys)
campera	Jacke
camperón (Mz)	lange Jacke, Mantel
abrigo, tapado, sobretodo	Mantel
medias (Mz)	Socken
zapatos (Mz)	Schuhe
alpargatas (Mz)	Slipper, Espandrillas
botas (Mz)	Stiefel
zapatos (Mz)	Schuhe
botas (Mz)	Schuhe, die bis zu den Knöcheln reichen
zapatillas (Mz)	Schuhe mit niedrigem Absatz
pantufla abierta	offene Pantoffeln

Necesito ...
(ich-)brauche ...
Ich brauche ...

¿Qué tamaño tenés?
was Größe (du-)hast
Welche Größe hast du?

Lo voy a llevar.
es (ich-)gehe zu tragen
Ich nehme es.

No lo sé.
nicht es (ich-)weiß
Weiß ich nicht.

Es demasiado ... (es-)ist zu ...		Es ist zu ...	
caro	teuer	**corto**	kurz
chico	klein	**largo**	lang
grande	groß	**oscuro**	dunkel
ancho	weit	**claro**	hell

Behörden

Wichtige Institutionen, die man evtl. in Anspruch nehmen wird, sind die Botschaft (hier spricht man Deutsch) sowie Bank und Post. Gerade hier sollte man sich auf erhebliches Warten einstellen.

Falls man vorhat, sein Visum verlängern zu lassen, wenn man z. B. länger als drei Monate im Land bleiben möchte, sollte man lieber für ein bis zwei Tage in ein benachbartes Land fahren und dann erneut einreisen, da man in der Regel bei den Behörden nichts erreicht.

Obwohl überall die Korruption blüht, sollte man niemals versuchen, einen Beamten zu bestechen. Das endet mit ziemlicher Sicherheit im Knast, denn Korruption ist Sache der "Großen".

Die Dienste der Polizei sollte man nur im äußersten Notfall in Anspruch nehmen; und dann auch nur, wenn jemand dabei ist, der fließend Spanisch spricht. Bei Verständigungsproblemen kann sich sogar der Spieß umdrehen, und man muß am Ende noch eine Strafe bezahlen oder landet gar selber im Gefängnis.

policía	Polizei	**robo con fractura**	Einbruch
guardia (m)	Polizist	**robo, hurto**	Raub
comisaría	Polizeiwache	**hacer una denuncia**	Anzeige erstatten
atraco	Überfall	**seguro**	Versicherung

Das Wort **trámite** kann man nicht direkt ins Deutsche übersetzen. Wortwörtlich bedeutet es etwa "bürokratischer Vorgang" und wird immer dann verwendet, wenn man irgend etwas erledigen muß, z. B. in der verlängerten Mittagspause. Man sagt einfach, man habe ein paar "**trámites**" zu erledigen, und alle wissen, daß man die nächsten Stunden nicht da sein wird. Denn vieles, was man zu erledigen hat (Bus, Bank, Supermarkt, Bäckerei, Fotokopieren etc.), dauert entsetzlich lange und ist mit viel Schlangestehen verbunden.

Me robaron / atracaron.
mich (sie-)beraubten / (sie-)überfielen
Ich bin beraubt / überfallen worden.

Perdí mis documentos / mi plata / mis equipajes.
(ich-)verlor meine Dokumente / mein Geld / meine Gepäckstücke
Ich habe meine Papiere / mein Geld / mein Gepäck verloren.

Necesito un boletín para mi seguro.
(ich-)brauche eine Bescheinigung für meine Versicherung
Ich brauche eine Bescheinigung für meine Versicherung.

Bank, Post & Telefon

Bank

Das übliche Zahlungsmittel für Reisende in Südamerika sind US-Dollars. Sie können im Gegensatz zu europäischen Währungen meist ohne Schwierigkeiten gewechselt werden. Es gab Zeiten, in denen die Inflation 190% im Monat betrug, das bedeutet, daß dieselbe Ware abends einen anderen Preis hatte als morgens. Für Globetrotter heißt das vereinfacht: Bei hoher Inflation immer nur wenige Dollars eintauschen, alles scheint billig. Bei Inflationsstop steigen die Preise inoffiziell weiter, nur der Wechselkurs paßt sich nicht an! In den Provinzen bekommt man einen bis zu 10 Prozent schlechteren Kurs. Ohne Kommission wechselt man nur im American-Express-Büro in Buenos Aires, das auch ohne Aufschlag Schecks in Dollar tauscht. Kreditkarten werden im ganzen Land akzeptiert, dagegen werden nur in größeren Städten Travellerschecks eingelöst.

banco	Bank
caja de ahorros (Kasse von Sparen)	Sparkasse
cajero	Kassierer
titular (m)	Inhaber (Konto)
dirección (w)	Anschrift
cuenta corriente	Girokonto
cuenta de ahorros	Sparkonto
tarjeta; cheque de viajeros (m)	Kreditkarte; Travellerscheck
importe (m)	Betrag
vuelto	Wechselgeld
extracción (w)	Abhebung
cobrar	Geld abheben, Scheck einlösen
depósito	Einzahlung (auf Konto; z. B. wenn man eine Rechnung bezahlen muß)
depositar	einzahlen
cambio	Umtausch
boleta	Zettel, Formular

Quiero cambiar estos cheques de viajero, por favor.
(ich-)will umtauschen diese Schecks von Reisender, für Gefallen
Ich möchte bitte diese Travellerschecks eintauschen.

¿En pesos o en dólares?
in Pesos oder in Dollars
In Pesos oder in Dollars?

¿Cómo es el curso del dólar hoy?
wie (er-)ist der Kurs vom Dollar heute
Wie ist der Dollarkurs heute?

Quiero cambiar cien dólares / marcos alemanes / pesos.
(ich-)will umtauschen hundert Dollars / Marken deutsche / Pesos
Ich möchte hundert Dollar / D-Mark / Pesos umtauschen.

Van a llamarte en la caja con este número.
(sie-)gehen zu rufen-dich an die Kasse mit diese Nummer
Man wird Sie an der Kasse mit dieser Nummer aufrufen.

Post / Telefon

correo	Postamt, Post	**paquete** (m)	Paket
carta	Brief	**telegrama** (m)	Telegramm
postal (w)	Postkarte	**fax** (m)	Telefax
carta certificada	Einschreiben	**enviar**	schicken, senden
vía aérea	Luftpost		

¿Dónde puedo comprar estampillas?
wo (ich-)kann kaufen Briefmarken
Wo kann ich Briefmarken kaufen?

No tenemos estampillas.
nicht (wir-)haben Briefmarken
Wir haben keine Briefmarken.

Estas cartas a Alemania, por favor.
diese Briefe zu Deutschland, für Gefallen
Diese Briefe nach Deutschland, bitte.

Briefmarken bekommt man nur an der Hauptpost. Hier werden Briefe eigentlich nur abgestempelt. Es ist ratsam, auch Postkarten in einem Briefumschlag zu verschicken, damit sie auch sicher ankommen. An den Kiosken, die Postkarten verkaufen, bekommt man meist auch die Umschläge dazu.

¿Podrías darme un sobre / unos sobres, por favor?
(du-)könntest geben-mir ein Umschlag / einige Umschläge, für Gefallen
Könnten Sie mir bitte einen Umschlag / einige Umschläge geben?

Die meisten Kioske verkaufen auch **fichas** zum Telefonieren. Das sind kleine Wertmarken, die anstelle von Geldmünzen verwendet werden. Es gibt sie für Ortsgespräche und Ferngespräche.

Por favor, dame cinco fichas telefónicas.
für Gefallen, gib(!)-mir fünf Wertmarken telefonische
Geben Sie mir bitte 5 Telefonmünzen.

teléfono	Telefon
llamar por teléfono	telefonieren
corta distancia	Ortsgespräch
larga distancia	Ferngespräch
fichas telefónicas (Mz)	Telefonmünzen

Internationale Gespräche sind nur von Telefonzentralen (**telefónica**) aus möglich, die in den Großstädten rund um die Uhr geöffnet haben.

Cuánto sale un minuto a Europa?
wieviel herauskommt eine Minute nach Europa
Wieviel kostet eine Minute nach Europa?

Sport & Freizeit

Fast alle ausländischen Filme laufen im Originalton mit spanischen Untertiteln. Nur wenige Filme sind synchronisiert **(hablada en castellano)** oder original argentinisch.

Un boleto, por favor.	**Dos boletos para la trasnoche.**
eine Karte, für Gefallen	zwei Karten für die Nachtvorstellung
Eine Eintrittskarte, bitte.	Zwei Karten für die Nachtvorstellung.

cine (m)	Kino
recital (m)	Konzert, Musikvorführung
trasnoche (w)	Nachtvorstellung
teatro	Theater
boletería	Kartenschalter
agotado	ausverkauft
boleto	Eintrittskarte
mayores (Mz)	Erwachsene
menores (Mz)	Kinder

deporte (m)	Sport
cancha	Sportfeld
cancha cubierta	überdachtes Sportfeld, Halle
fútbol (m)	Fußball
jugar al fútbol	Fußball spielen
gol (m)	Tor; Tor! (Ausruf)
piscina, pileta	Schwimmbad
nadar	schwimmen
paddle (m)	Squash
jugar al tenis	Tennis spielen

● Das **Skifahren** ist auch in Argentinien möglich, vor allem im Süden des Landes. Der bekannteste Ski- und Wintersportort heißt San Carlos de Bariloche und liegt ca. 1500 km von Buenos Aires entfernt in den Anden. Auch auf der anderen Seite der Anden, in Chile, kann man Ski fahren. Wer vorhat, selbst mit dem Auto dorthin zu fahren, sollte beachten, daß die meisten Mietwagen nicht unbedingt winterfest sind.

● **esquí** (m)	Ski
esquiar	Ski fahren
botas (Mz)	Skistiefel
bastones (Mz)	Skistöcke
fijación (w)	Bindung (am Ski)
alquiler (m)	Vermietung
clases (Mz)	Unterricht
competición (w)	Wettkampf
telesilla, andarivel (m), **va et vient**	verschiedene Lifte
cumbre (w)	Bergspitze
nieve (w)	Schnee
nieve polvo	Pulverschnee
● **pista**	Piste
... (muy) dificil	(sehr) schwierige Piste
... mediana	mittelschwere Piste
... fácil	einfache Piste
... esquí libre	Piste für Freistil
● **esquí alpino**	alpiner Ski
descenso	Abfahrt
slálom (m)	Slalom
slálom gigante	Riesenslalom
súper G	Kombination aus Abfahrt und Riesenslalom
● **esquí nórdico**	nordischer Ski (mit langen und breiten Skiern)
● **esquí libre**	Freistil
hot dog	Art Hindernislauf
ballet	mit Musik und Choreographie
acrobacia aérea	Luftakrobatik
saltos (Mz)	Sprünge
... ascendentes, ... giratorios, ... mortales	verschiedene Sprünge
● **esquí de travesia**	Skifahren im Hochgebirge auf natürlichen, nicht abgesteckten Pisten
● **esquí extremo**	Skifahren auf sehr steilen Abhängen bis 60° Neigung

Wetter

In vielen Redewendungen über das Wetter wird das Wort **hacer** (machen) gebraucht.

Hace mucho calor.
(es-)macht viel Wärme
Es ist sehr heiß.

Hace frío.
(es-)macht Kälte
Es ist kalt.

Hace sol.
(es-)macht Sonne
Die Sonne scheint.

Sopla viento.
(es-)bläst Wind
Es ist windig.

Llueve mucho.
(es-)regnet viel
Es regnet viel.

Hace buen / mal tiempo.
(es-)macht gut / schlecht Wetter
Das Wetter ist gut / schlecht.

Hace treinta grados.
(es-)macht dreißig Grad
Es ist 30 Grad.

Sensación térmica dos grados bajo cero.
Empfindung thermisch zwei Grad unter Null
Die thermische Empfindung* ist -2 Grad.

* **sensación térmica** ist ein meteorologischer Fachausdruck, der die "Temperaturempfindung" angibt, die durch Grad Celsius und Windgeschwindigkeit entsteht.

Fotografieren

Will man Fotos von Personen machen, sollte man selbstverständlich die Menschen mit gebührendem Respekt behandeln und freundlich um Erlaubnis fragen. Sie wird in der Regel bereitwillig gewährt. Nicht gestattet ist es, Polizisten, Soldaten, militärische Einrichtungen, Flughäfen und Industrieanlagen zu fotografieren.

¿Se puede sacar fotos por acá?
man kann ziehen Fotos durch hier
Darf ich hier fotografieren?

¿Podría sacar una foto de vos?
(ich-)könnte ziehen ein Foto von dir
Darf ich dich/Sie fotografieren?

Te voy a enviar una copia.
dir (ich-)gehe zu schicken eine Kopie
Ich werde dir/Ihnen einen Abzug schicken.

cámara fotográfica	Fotoapparat
objetivo; teleobjetivo	Objektiv; Teleobjektiv
objetivo granangular	Weitwinkelobjektiv
flash (m)	Blitzgerät
(cámara) vídeo	Videokamera
rollo, película	Film
rollo de diapositivas	Diafilm
rollo de color	Farbfilm
rollo en blanco y negro	Schwarzweißfilm
foto(grafía) (w)	Foto
sacar fotos; filmar; revelar	fotografieren; filmen; entwickeln
negativo	Negativ
copia	Abzug

¿Podrías relevar esta película?
(du-)könntest entwickeln dieser Film
Können Sie mir diesen Film entwickeln?

¿Cuántas copias querés?
wieviele Kopien (du-)willst
Wie viele Abzüge wollen Sie?

Una de cada un.
eine von jeder ein
Von jedem einen.

Krank sein

Um auf Nummer Sicher zu gehen, sollte man nur abgekochtes Wasser oder Mineralwasser trinken. Fleisch sollte man nur gut durchgebraten essen (**bien cocido**), Früchte und Gemüse gut abwaschen und möglichst abschälen! Bei Trips durch die Urwälder sollte man sich gegen Tropenkrankheiten (z. B. Gelbfieber) impfen lassen. In Buenos Aires gibt es ein deutsches und ein schweizer Krankenhaus, in dem man Deutsch spricht.

¿Dónde hay una farmacia / un médico / un hospital?
wo es-gibt eine Apotheke / ein Arzt / ein Krankenhaus
Wo gibt es eine Apotheke / einen Arzt / ein Krankenhaus?

¿Podrían llamar a un médico, por favor?
(sie-)könnten rufen zu ein Arzt, für Gefallen
Könnten Sie bitte einen Arzt rufen?

Me duele acá.
mich (es-)schmerzt hier
Mir tut es hier weh.

Tengo dolor de muelas.
(ich-)habe Schmerz von Backenzähnen
Ich habe Zahnschmerzen.

Tengo diarrea / fiebre.
(ich-)habe Durchfall / Fieber
Ich habe Durchfall / Fieber.

Soy diabético.
(ich-)bin Diabetiker
Ich bin Diabetiker.

Me quemé acá.
mich (ich-)verbrannte hier
Ich habe mich hier verbrannt.

Tuve un accidente.
(ich-)hatte ein Unfall
Ich hatte einen Unfall.

Por favor, no me lo saque.
für Gefallen, nicht mir ihn (er-)ziehe(!)
Bitte nicht ziehen!

Me caí.
mich (ich-)fiel
Ich bin gefallen.

Estoy embarazada.
(ich-)bin schwanger
Ich bin schwanger.

Una víbora me mordió.
eine Schlange mich (sie-)biß
Ein Schlange hat mich gebissen.

Necesito algo contra ... / Tengo ...	Ich brauche etwas gegen / Ich habe ...
alergía	Allergie
dolor de vientre (m)	Bauchschmerzen
presión arterial (w)	Blutdruck
hemorragia	Blutung
fractura	Bruch (Knochen-)
inflamación (w)	Entzündung
vómitos (Mz)	Erbrechen
resfriado	Erkältung
cálculos biliares (Mz)	Gallensteine
conmoción cerebral (w)	Gehirnerschütterung
ictericia	Gelbsucht
úlcera	Geschwür
gota	Gicht
gripe (w)	Grippe
disfonía	Heiserkeit
infarto de miocardio	Herzinfarkt
tos (w)	Husten
picadas de insecto	Insektenstiche
sarampión (m)	Masern
otitis media (w)	Mittelohrentzündung
paperas (w)	Mumps
epistaxis (w)	Nasenbluten
cálculos renales (Mz)	Nierensteine
desmayo	Ohnmacht
hongos (Mz)	Pilze
rubeola	Röteln
escarlatina	Scharlach
dolores (Mz)	Schmerzen
resfriado nasal	Schnupfen
vértigo	Schwindel
picada de araña	Spinnenstich
quemadura	Verbrennung
intoxicación (w)	Vergiftung
lesión (w)	Verletzung
luxación (w)	Verrenkung
distorsión (w)	Verstauchung
varicela	Windpocken
herida	Wunde
diabetes (m)	Zuckerkrankheit
dolores de muelas (Mz)	Zahnschmerzen

Déme una inyección.
gib(!)-mir eine Spritze
Bitte eine Spritze.

No quiero una inyección.
nicht (ich-)will eine Spritze
Ich möchte keine Spritze.

Necesito un recibo y un diagnóstico detallado para mi obra social.
(ich-)brauche eine Quittung und eine Diagnose ausführlich für mein Werk sozial
Ich brauche eine Quittung und einen ausführlichen Bericht für meine Krankenversicherung.

médico / médica	Arzt / Ärztin
hospital (m)	Krankenhaus
farmacia	Apotheke
enfermedad (w)	Krankheit
comprimido	Tablette
gotas (Mz)	Tropfen
supositorio	Zäpfchen
ungüento	Salbe

Toilette

Caballeros / Señoras	Herren / Damen
ocupado / libre	besetzt / frei
clausurado	geschlossen
papel higiénico (m)	Toilettenpapier
caño	Wasserhahn
pileta	Waschbecken

¿Hay un baño por acá?
es-gibt ein Bad für hier
Gibt es hier irgendwo eine Toilette?

Tengo que ir al baño.
(ich-)habe daß gehen zum Bad
Ich muß mal!

El sifón no anda.
die Spülung nicht (sie-)geht
Die Spülung funktioniert nicht.

El desagüe está taponado.
der Abfluß (er-)ist verstopft
Der Abfluß ist verstopft.

Umgangssprache

Die folgenden Ausdrücke sind nicht dafür gedacht, um sie selbst auszuprobieren. Sie sind teilweise sehr vulgär. Falls man sie hört, sollte man sie jedoch verstehen können.

agarrar	nehmen (anstelle von **coger,** s. u.)
amigo / amiga	Bekannte(r), Freund(in)
novio / novia	feste(r) Freund(in) oder auch Verlobte(r)
averiguar	nachsehen, auch: überprüfen, mal sehen ob ...
de chiripa	zufällig
cobrar	kassieren (wird auch für das Einlösen von Schecks gebraucht oder immer, wenn man Geld bekommt)
coger	ficken (spanisch: "nehmen")
concha ("Muschel")	Votze
conseguir	bekommen, im Sinne von besorgen, organisieren
decir boludeces	Unsinn reden ("sagen Unsinn")
depre (Abk. von **deprésion**)	Depression
echarse, soltarse un pedo	furzen ("loslassen einen Furz")
fijarse	schauen, auch: auf etwas Bestimmtes gucken
guardapolvo	Kittel (Alle Schulkinder der staatlichen Schulen sowie viele Studenten tragen diese weißen Kittel. In privaten Schulen sind Uniformen üblich.)
joda	Ärger
macana	Lüge
mear	pinkeln
cagar	scheißen
radicarse	einwandern, für immer im Land bleiben
sindicato	Gewerkschaft (hat nichts mit dem deutschen Ausdruck "Syndikat" gemeinsam)
tráfico	Schwarzhandel (Straßenverkehr hingegen heißt **tránsito**)
narcotráfico	Drogenhandel
trasero	Hintern
¡cdracho!, ¡caramba!, ¡caray!	Ausrufe des Erstaunens

schimpfen & fluchen

¡mierda!	Scheiße!
¡mufa!	Pech!
¡burro! (Esel), **¡papa frita!** ("Pommes frites"), **¡plomo!**, **¡plomazo!**	Doofmann!
¡idiota!, **¡tonto!**	Blödmann!
¡chancho!	Schwein!
¡podrido!	verdorbenes Schwein! (im moralischen Sinn)
¡hijo de puta! (Sohn von Hure)	Schweinehund!
¡chupasangre!	Blutsauger!
¡cagón!	Hosenscheißer!, Angsthase!
¡pelandrúm!	Faulpelz!
¡maricón!	Schwuler! (schwere Beleidigung)
¡tortillera!, **¡tortifay!**	Lesbe!
¡yegua!, **¡puta!**	Hure!, Nutte!

¡No tenés nada en la croquetta!
nicht (du-)hast nichts in der Krokette
Du bist ja total verblödet!

Nichts verstanden? - Weiterlernen!

Bei Ausländern wird meist automatisch angenommen, daß sie **gringos** sind. Ein **gringo** ist jemand, der kein Spanisch spricht, meist sind damit aber US-Amerikaner gemeint. Das Wort hat seinen Ursprung im nordamerikanischen Bürgerkrieg. "Green go!" heißt eigentlich "Geh, Grüner!", das zu **gringo** geworden ist.

¿Entendés?
(du-)verstehst
Verstehst du?

No, no entiendo nada.
nein, nicht (ich-)verstehe nichts
Nein, ich verstehe nichts.

¿Entendés todo?
(du-)verstehst alles
Verstehst du alles?

Ni un cuerno.
nicht ein Korn
Überhaupt nichts.

¿Cómo decís?
wie (du-)sagst
Wie bitte?

No te entendí.
nicht dich (ich-)verstand
Ich habe dich nicht verstanden.

Hablás demasiado rapidamente.
(du-)sprichst zu schnell(Umst.)
Du sprichst zu schnell.

Por favor, más despacio.
für Gefallen, mehr langsam
Bitte etwas langsamer.

¿Podés repetir, por favor?
(du-)kannst wiederholen, für Gefallen
Kannst du das nochmal sagen?

¿Alguién me podría traducirlo?
jemand mir (er-)könnte übersetzen
Kann mir jemand übersetzen?

¿Hablás alemán / castellano?
(du-)sprichst deutsch / spanisch
Kannst du Deutsch / Spanisch?

No, sólo un poquito.
nein, nur ein bißchen
Nein, nur ein bißchen.

¿Qué significa "zapato"?
was (es-)bedeutet "Schuh"
Was bedeutet "zapato"?

¿Cómo se llama esto en castellano?
wie sich (es-)ruft dies in spanisch
Wie heißt das auf Spanisch?

Für eine Auskunft bedankt man sich mit **¡(Muchas) gracias!**

Kurzsprachführer Quichua

Das Quichua ist eine Variante der Sprache der Inkas, die in Argentinien vor allem in Santiago de Estero und Jujuy gesprochen wird. Sein Ursprung liegt im peruanischen "Quechua", das wahrscheinlich im 16. Jahrhundert zusammen mit den spanischen Eroberern nach Argentinien gebracht wurde.

Die erste Grammatik wurde 1560 in Spanien von Fray Domingo de Santo Tomás veröffentlicht, der die Inkasprache nach dem Ort, an dem er sie kennenlernte, "Quechua" benannte.

Das Quichua Argentiniens ist heute teilweise mit Castellano vermischt, die entsprechenden Wörter werden allerdings oft in einer anderen Weise geschrieben oder ausgesprochen. Das Castellano wiederum entlehnte im Laufe der Jahrhunderte viele Begriffe aus dem Quichua, vor allem für Pflanzen und Tiere.

Quichua ist eine "agglutinierende" Sprache, d. h. daß an Hauptwörter, Tätigkeitswörter etc. eine Reihe von Endungen angehängt werden, die Auskunft über Richtungen, Ortsangaben, Besitzverhältnisse, Angabe des Grundes, Frage, Höflichkeit usw. geben. Falls erforderlich, können auch mehrere Endungen hintereinander an das betreffende Wort angehängt werden. Zur besseren Übersicht schreibe ich alle Anhängsel mit einem Bindestrich.

Im Folgenden gebe ich nur einen kurzen Überblick über die Grammatik, damit man zumindest ein wenig versteht, wie die Sprache funktioniert. Verständlicherweise kann nicht auf alle Besonderheiten eingegangen werden.

Der Quichua-Sprachteil wird nicht auf der Kassette gesprochen!

Aussprache

Bis auf folgende Ausnahmen ist die Aussprache wie im Castellano:

ck	tief im Rachen gesprochenes "ch", wie in "Lo**ch**"
ll	stimmhaftes "sch" wie "D**sch**ungel"
'r	einfaches, nicht gerolltes "r" wie in "**R**egen"
r	am Wortanfang ein stark gerolltes "rr", sonst wie nicht gerolltes **r**
sh	wie deutsches "sch" in "**Sch**ule"
y	wie deutsches "j" in "**J**äger"
hu	Halblaut zwischen "u" und "w", wie englisches "w" in "**w**hat?"

Persönliche Fürwörter

nocka	ich
ckam	du
pay	er, sie, es
nockanchis	wir (der/die Angesprochene(n) miteingeschlossen: "ich und du/ihr")
nockaycu	wir (der/die Angesprochene(n) nicht miteingeschlossen)
ckamcuna	ihr
paycuna	sie (Mz)

Es wird kein Unterschied zwischen "du" und "Sie" gemacht. Für "wir" gibt es zwei verschiedene Formen, die eine schließt den Angesprochenen mit ein, die andere nicht. Die persönlichen Fürwörter werden nur verwendet, wenn man die Personen besonders hervorheben will; ansonsten reicht das gebeugte Verb.

Hauptwörter (Substantive)

Im Quichua gibt es weder Artikel noch ein grammatisches Geschlecht. Möchte man jedoch das Hauptwort besonders betonen, kann man **-cka** anhängen, was dann in etwa dem bestimmten Artikel entspricht, z. B.:

ckari	Mann	**ckari-cka**	der Mann

Mehrzahl

Die Mehrzahl wird durch die Endung **-cuna** gebildet. Alle Wörter, die auf einem Selbstlaut enden, können die Mehrzahl darüber hinaus auch wie im Castellano mit der Endung **-s** bilden. (In der Wort-für-Wort-Übersetzung steht die Abkürzung "Mz" für "Mehrzahl".)

yacháchej	(der) Lehrer	**yachachej-cuna**	(die) Lehrer
ashcko	Hund	**ashcko-cuna, ashckos**	Hunde

Verhältniswörter

Was man im Deutschen mit Verhältniswörtern umschreibt, erreicht man im Quichua durch bestimmte Endungen, die an das Hauptwort angehängt werden und z. B. eine Richtung, eine Orts- oder Zeitangabe ausdrücken.

ckari-ta	den Mann (entspricht etwa dem deutschen 4. Fall Akkusativ, abgekürzt mit "Akk.")
ckari-p	des Mannes (Angabe der Herkunft)
ckari-man	zum Mann (Richtung)
ckari-manta	vom Mann (Richtung)
huasi-cama	bis zum Haus
huasi-pi	im Haus (Ortsangabe)
ckari-paj	für den Mann (Zweck, Bestimmung)
ckari-an	mit dem Mann
ckari-ntin	zusammen mit dem Mann
ckari-raycu	wegen des Mannes (Grund)

Besitz

Der Besitz wird nicht durch selbständige besitzanzeigende Fürwörter, sondern ebenfalls durch Endungen ausgedrückt.

mishi	Katze
mishi-y	meine Katze
mishi-yqui	deine Katze
mishi-n	seine / ihre Katze
mishi-nchis	unsere (inkl.) Katze
mishi-ycu	unsere (exkl.) Katze
mishi-yquichis	eure Katze
mishi-ncu	ihre Katze

Sollen mehrere Endungen an ein Wort gehängt werden, dann ist die Reihenfolge zu beachten: Besitz - Mehrzahl - Fall, z. B.:

mishi-y-cuna-an
(Katze-meine-Mz-mit)
mit meinen Katzen

Eigenschaftswörter (Adjektive)

Eigenschaftswörter sind unveränderlich. Um ein Umstandswort (Adverb) zu bilden, wird **-ta** (abgekürzt: "Umst.") angehängt. In der Regel steht das Eigenschaftswort nach dem Hauptwort, auf das es sich bezieht.

maqui checka	**huata mósoj**	**átoj china**	**ca tacko**
(Hand rechte)	(Jahr neues)	(Fuchs weiblicher)	(dieser Baum)
rechte Hand	neues Jahr	Füchsin	dieser Baum

mósoj	neu	**machu**	alt
checka	rechte(r, -s)	**llocke**	linke(r, -s)
china	weiblich	**orcko**	männlich
ca	dieses	**cha**	jenes
chacka	das da		

Farben

yúraj	weiß	**puca**	rot
packo	braun, grau	**ckómer**	grün
yana	schwarz	**anckas**	blau
ckellu	gelb	**ckori**	golden

Tätigkeitswörter (Verben)

Die Grundform der Verben endet immer auf **-y.** Läßt man das **-y** weg, erhält man den Wortstamm, an den die Beugungsendungen angehängt werden. Hier nur die Beugung für die Gegenwart am Beispiel **unanchi-y** (verstehen):

unanchi-ni	ich verstehe
unanchi-nqui	du verstehst
unanchi-n	er/sie versteht
unanchi-nchis	wir (inkl.) verstehen
unanchi-ycu	wir (exkl.) verstehen
unanchi-nquichis	ihr versteht
unanchi-ncu	sie verstehen

Die Befehlsform Einzahl ist übrigens mit der Grundform identisch. Fordert man mehrere Personen zu etwas auf, hängt man **-chis** an:

unanchi-y!	verstehe-!	versteh!
unanchi-y-chis!	verstehe-!-Mz	versteht!

ca-y (sein)

ca-ni	ich bin	**ca-nchis**	wir (inkl.) sind
ca-nqui	du bist	**ca-ycu**	wir (exkl.) sind
ca-n	er/sie ist	**ca-nquichis**	ihr seid
		ca-ncu	sie sind

In der Wort-für-Wort-Übersetzung können bei den Verben außerdem folgende Abkürzungen vorkommen: "Vergh." (Vergangenheit), "HP" (Höflichkeitspartikel), "VP" (Verstärkungspartikel zur Betonung), "G" (Grundform-Endung).

Fragen

Fragen, auf die man nur mit "ja" oder "nein" antworten kann, werden mit der Fragepartikel **-chu** (abgekürzt: "FP") gekennzeichnet. **-chu** wird an das Wort angehängt, auf das man eine Antwort erhalten möchte. Oft wird **-chu** aber auch weggelassen.

Quichua-ta 'rima-nqui-chu?
(Quichua-Akk. sprichst-du-FP)
Kannst du Quichua sprechen?

Castilla-pi 'rima-nqui-chu?
(Castellano-in sprichst-du-FP)
Kannst du Spanisch sprechen?

Die Ergänzungsfragen werden mit Fragewörtern gebildet, auf die man mit einem vollständigen Satz antwortet. An die Fragewörter wird **-taj,** das eine verstärkende Funktion hat, angehängt.

pí(taj)?	wer?	**áicap?**	wann?
ima?	was?	**aica?**	wieviel?
ima ina?	wie?	**imapi?**	worin?
maypi?	wo?	**imata?**	wen?, was? (Akk.)
maymanta?	woher?	**ímaj?**	warum?
mayman?	wohin?	**pían?**	mit wem?

Pí-taj ca-nqui?
(wer-FP bist-du)
Wer bist du?

O'Niel ca-ni.
(O'Niel bin-ich)
Ich bin O'Niel.

Suti-yqui ima ina ca-n?
(Name-dein was so ist-er)
Wie heißt du?

Suti-y Julia ca-n.
(Name-mein Julia ist-er)
Ich heiße Julia.

Zahlen

Im Quichua werden in der Regel nur die Zahlen bis fünf verwendet. Für alle anderen Zahlen werden meistens die spanischen Zahlen genannt.

1	**suj**	6	**sojta**		
2	**íshcay**	7	**canchis**		
3	**quimsa**	8	**púsaj**	100	**pacha**
4	**taa**	9	**íshckon**	1000	**huarancka**
5	**pishcka**	10	**chunca**	1.000.000	**huarancka huarancka**

Uhrzeit

Reloj-ta api-nqui?
(Uhr-Akk. hast-du)
Weißt du, wie spät es ist?

Ima hora-s-taj ca-n?
(was Stunde-Mz-FP ist-es)
Wieviel Uhr ist es?

Siete hora-s ca-n.
(7 Stunde-Mz ist-es)
Es ist sieben Uhr.

Satzstellung

Das Verb steht in der Regel am Satzende. Durch den Einfluß des Castellano sind jedoch die ursprünglichen Regeln gelockert worden, so daß diese Regel nicht bindend ist.

Nocka mana ckoshcke-ta api-ni.
(ich nicht Geld-Akk. habe-ich)
Ich habe kein Geld.

Ckó-a-y quimsa pesos-ta!
(gebe-mir-! drei Pesos-Akk.)
Gib mir drei Pesos!

Floskeln & Redewendungen

ja / nein

Ari.	Ja.
Mana.	Nein.
Ancha alli.	Sehr gut.
Nocka mana yacha-ni. (ich nicht weiß-ich)	Weiß ich nicht.
Ca-y-ta ati-n. (sein-G-Akk. kann-es)	Kann sein.

grüßen / verabschieden

Im Quichua ist es nicht üblich, "guten Tag" o.ä. zu sagen, es sei denn, man verwendet Grußformeln des Castellano. Die übliche Begrüßung ist eine Frage:

Ima ina puri-nqui?
(was so gehst-du)
Wie geht es dir?

Ima ina packare-ra-nqui?
(was so morgen-Vergh.-du)
Wie hast du den Tag begonnen?

Ima ina tia-nqui?
(was so bist-du)
Wie geht's?

Ima ina 'ri-su-nqui?
(was so gehst-dir-du)
Wie geht's?

Mögliche Antworten sind:

Alli-lla-ta puri-ni.
(gut-HP-Umst. gehe-ich)
Es geht mir gut.

Alli-ta tia-ni.
(gut-Umst. bin-ich)
Mir geht es gut.

Ancha sumaj-ta.
(sehr schön-Umst.)
Sehr gut.

Chayna chayna.
(so so)
Es geht so.

Sajra-ta.
(schlecht-Umst.)
Schlecht.

Ckam-cká?
(du-VP)
Und dir?

Nocka-pas.
(ich-auch)
Mir auch.

Man verabschiedet sich mit:

Ckaa-nacu-sunchis-cama
(sehen-sich-wir/werden-bis)
Auf Wiedersehen!

Weitere Möglichkeiten der Begrüßung und des Abschieds sind wie im Castellano.

bitten, danken, entschuldigen

Ancha-ta maña-su-ni.
(viel-Umst. bitte-dich-ich)
Bitte!

Agradece-yqui.
(danke-ich/dir)
Vielen Dank.

Dispensa-a-y.
(entschuldige-mich-!)
Entschuldigung!

verstehen

Unancha-nqui-chu?
(verstehst-du-FP)
Verstehst du?

Ancha sumaj-ta unancha-ni.
(sehr gut-Umst. verstehe-ich)
Ich verstehe sehr gut.

Cuti-s ni-y.
(Mal-Mz sage-!)
Sag's nochmal.

Alliman-ta 'rima-y.
(langsam-Umst. spreche-!)
Sprich langsam.

Mana utcka-ta 'rima-y-chu!
(nicht schnell-Umst. spreche-!-FP)
Sprich nicht so schnell!

Quichua-ta 'rima-na-a-ni.
(Quichua-Akk. sprechen-zu-wollen-ich)
Ich möchte Quichua sprechen.

Quichua-ta 'rima-nqui-chu?
(Quichua-Akk. sprichst-du-FP)
Kannst du Quichua?

Castilla-pi 'rima-nqui-chu?
(Castellano-in sprichst-du-FP)
Kannst du Spanisch?

Quichua-pi ima ina ni-nqui?
(Quichua-in was so sagst-du)
Wie heißt das auf Quichua?

ausrufen

Chuy!	Was für eine Kälte!
Rúpaj!	Was für eine Hitze!
Aj, ajlalitay!	Aua!
Achalay!	Wie hübsch!
Hua!	Ih! (Ekel)
Anchu-anchu!	Hau ab!
Rini!	Ich haue jetzt ab!
Akuychis!	Laßt uns gehen!
Upalla-y! (schweige-!)	Ruhe!
Suya-y. (warte-!)	Warte mal.
Alli-ta ckáa-y! (gut-Umst. sehe-!)	Achtung!
Utcka-y! (beeile-!) / **Ckáti-y!** (renne-!)	Beeil dich! / Renne!
Tiá-cu-y! (setze-sich-!)	Setz dich doch!
'Ranti-cu-ná-paj. (kaufen-sich-zu-für)	Zu verkaufen.
'Rima-y-ta sacké-a-y! (spreche-!-Akk. lasse-mich-!)	Laß mich auch mal was sagen!

Persönliches

Alter

Aica huata-s-níoj ca-nqui?
(wieviel Jahr-Mz-habend bist-du)
Wie alt bist du?

Veinticinco huata-s-ta api-ni.
(fünfundzwanzig Jahr-Mz-Akk. habe-ich)
Ich bin fünfundzwanzig Jahre alt.

Nocka-ta siete-pi agosto apia-ra-ncu.
(ich-Akk. sieben-am August bekommen-Vergh.-sie)
Ich wurde am 7. August geboren.

Herkunft

May-manta ka-nqui?
(wo-von bist-du)
Woher kommst du?

Alimania llaqta-manta amu-ni.
(Deutschland Land-aus komme-ich)
Ich komme aus Deutschland.

Cuzco-manta amo-ra-ni.
(Cuzco-aus komme-Vergh.-ich)
Ich bin aus Cuzco gekommen.

Cay-manta ca-ni.
(dies-aus bin-ich)
Ich bin von hier.

Ima-man amo-ra-nqui?
(was-zu kommst-Vergh.-du)
Warum bist du hergekommen?

Estúdia-j amu-ni.
(studiere-nd komme-ich)
Ich bin gekommen, um zu studieren.

Vacacione-s-ta llálle-j amu-ni.
(Ferien-Mz-Akk. reise-nd komme-ich)
Ich mache hier Ferien.

Foto-ta 'rua-y-ta ati-ni?
(Foto-Akk. mache-ich-Akk. kann-ich)
Darf ich ein Foto machen?

May-pi kausa-nqui?
(wo-in lebst-du)
Wo wohnst du?

Chay-lla-pi causa-ni.
(dies-HP-in lebe-ich)
Ich wohne nahe.

Caru-pi causa-ni.
(weit-in lebe-ich)
Ich wohne weit weg.

Calle Puan-pi taa.
(Straße Puan-in vier)
In der Straße Puan Nr. 4.

Beruf

Ima-ta 'rua-nqui?
(was-Akk. tust-du)
Was bist du von Beruf?

Ampe-j ca-ni.
(heil-end bin-ich)
Ich bin Arzt.

Llámca-j ca-ni.
(Arbeit-er bin-ich)
Ich bin Arbeiter / Angestellter.

Yachachi-na ca-ni.
(lernen-um-zu bin-ich)
Ich bin Student / Schüler.

Unterkunft

May-pi hotel tía-n?
(wo-in Hotel ist-es)
Wo gibt es ein Hotel?

Calle Brasil-pi quimsa.
(Straße Brasil-in drei)
In der Straße Brasil Nr. 2.

Cá cuarto-ta muna-nqui?
(dies Zimmer-Akk. magst-du)
Gefällt dir dieses Zimmer?

Arí, muna-ni.
(ja, mag-ich)
Ja, es gefällt mir.

Cay-pi pishcka punchau-s-ta cúte-j 'ri-ni.
(dies-in fünf Tag-Mz-Akk. bleibe-nd gehe-ich)
Ich werde hier fünf Tage bleiben.

May-pi bañu tía-n?
(wo-in Bad ist-es)
Wo gibt es eine Toilette?

Checka-pi / Llocke-pi.
(rechts-in / links-in)
Rechts / Links.

Essen & Trinken

May-pi micu-y-ta ati-ni?
(wo-in essen-G-Akk. kann-ich)
Wo bekomme ich etwas zu essen?

Upia-na-a-ni.
(trinke-zu-möchte-ich)
Ich habe Durst.

Yarcka-ni.
(hungere-ich)
Ich habe Hunger.

Micu-na-a-ni.
(essen-zu-möchte-ich)
Ich möchte etwas essen.

Mate-ta úpia-j acu-ychis.
(Mate-Akk. trinke-nd gehen-wir)
Trinken wir einen Mate!

Locro-ta api-nqui?
(Locro-Akk. hast-du)
Hast du Locro?

Eine Liste von indianischen Spezialitäten findet man im Konversationskapitel "Essen & Trinken".

Unterwegs

May-man 'ri-nqui?
(wo-nach gehst-du)
Wohin fährst du?

Salta-man 'ri-shca-ni.
(Salta-nach gehe-gerade-ich)
Ich fahre nach Salta.

Ima hora-s-pi omnibus-cka Salta-man llojsi-n?
(was Stunde-Mz-in Bus-der Salta-nach abfährt-er)
Wann geht der Bus nach Salta?

Omnibus íshckay hora-s-pi llojsi-n.
(Bus zwei Stunde-Mz-in abfährt-er)
Der Bus fährt um zwei Uhr ab.

Boleto-ta ckó-a-y.
(Fahrkarte-Akk. gebe-mir-!)
Gib mir eine Fahrkarte.

Api-y.
(habe-!)
Bitte sehr.

Pasaporte-ta api-nqui-chu?
(Paß-Akk. hast-du-FP)
Hast du einen Paß?

Pasaporte-ta ckó-a-y.
(Paß-Akk. gebe-mir-!)
Gib mir deinen Paß.

Na chaya-ycu.
(schon ankommen-wir(exkl.))
Wir kommen gleich an.

Ima horas-pi chaya-sunchis?
(wasStunden-inankommen-werden-wir)
Wann kommen wir an?

Ñan-ta panta-ra-ni.
(Weg-Akk. irre-Vergh.-ich
Ich habe mich verlaufen.

May-pi ... tía-n?
(wo-in ... ist-er/-sie/-es)
Wo ist ...?

... carupi-chus cuti-n?
(... weit-vielleicht ist-es)
Wie weit ist es bis ...?

Ima ina ... man amo-saj?
(wie so ... zu komme-ich/werde)
Wie komme ich nach ...?

ánaj lan	Norden	**ura lan**	Süden
aa lan, **inti lloqsinan** (Sonnenaufgang)	Osten	**ucu lan,** **inti yaycunan** (Sonnenuntergang)	Westen
ñáupay	geradeaus	**voliácuy**	zurück
checka	rechts	**llocke**	links
anajpi	oben	**urapi**	unten
caru, carupi	weit	**chaylla, chayllapi**	nah

Wetter

'Rupa-n.	(warm-ist-es)	Es ist warm.
Chiri-n.	(kalt-ist-es)	Es ist kalt.
Para-n.	(regnet-es)	Es regnet.
Huaira pucu-n.	(Wind weht-er)	Es ist windig.
Súmaj punchau.	(schön Tag)	Schöner Tag!

Krank sein

Yanapa-y!
(helfe-!)
Bitte hilf (mir)!

Ima-ta sucede-so-ra?
(was-Akk. geschehen-dir-Vergh.)
Was ist dir passiert?

Uma-y nana-a-n.
(Kopf-mein schmerzt-mir-er)
Ich habe Kopfschmerzen.

Alli-ta 'rúa-y, doctor-ta huílla-y!
(gut-Umst. mache-!, Arzt-Akk. rufe-!)
Bitte ruf einen Arzt.

Maqui-y nana-a-n.
(Hand-meine schmerzt-mir-sie)
Mir tut die Hand weh.

Deutsch - Quichua

A

Abend werden	chísiay
abkürzen (Weg)	árcay
abreiben	ckáckoy
abschneiden	cúchuy
ähnlich	ina
alle(s)	túcuy
alt	morcko, ñaupa, machu
Ameise	shishi
andere	sucuna
anderer, ein	suj
anfangen	ckalláriy
anhalten	sayácuy
ankommen	cháyay
anschalten (Licht)	canchächiy
ansehen	ckáay
antworten	contéstay, niy
anzünden	lauráchiy
arbeiten	'rúay, llámcay
Arbeiter	llámcaj
ärgern	púnquiy
arm	huajcha
armer Kerl!	huajchalu!
armselig	micha
artig	casúcoj
Asche	ushpa
atmen	sámay
aufheben	sockáriy
aufhören	puchúcay
aufstehen	atáriy
Auge	ñahui
ausschalten	huánchiy
auswählen	ájllay
Autor	ínaj

B

Baby	huahuita
baden	ármay
baden, sich	armácuy
bald	utcka
Bank (Sitz-)	tiana
Bauch	huicsa
Baum (Johannisbrot-)	tacko
beauftragen	míncay
bedauern	llaquícuy
bedienen	síruiy
Bein	'rúaj
beißen	cániy
bekommen	chasquiy, ápiy
Berg	orcko, sacha
berühren	chámcay
Bescheid geben	huíllay
beschuldigen	túmpay
besoffen	chumao
besser	astaan súmaj
bessern, sich (Gesundheit)	allichácuy
betrunken	machascka
bezahlen	pagáray
billig	utula ckoshcke
bitten	máñay
bitter	áyaj
bleiben	cútiy
Blut	yáar
böse werden	piñácuy
Bote	chasqui
braten	cáncay
Braten	canca
brauchen	precísay
braun	packo
brechen	páquiy
breit	palta
bringen	púsay
Brot	tanta
Bruder (v. Frau)	tura
Bruder (v. Mann)	huaucke
Buch	libru
Busen	ñuñu

D

danach	chaymanta
danke	agradeceyqui
das da	chá(y)
Decke	pilcha, chusi
deswegen	chayraycu
dick	huira
dickköpfig	uman sinchi

Dieb	súa
dies	cá(y)
doof	opa, huasu
Dorf	poblau
dort	chackaypi
dunkel	tucu
dünn	llañu

E

Ebene	pampa
Ei	'rumi
Ei legen	'runtu
einige	huaquin
einzig	sujlla
Eis	ckasa
entfernt	caru
er	pay
Erde	allpa, ashpa
erinnern, sich	yúyay
erstaunt sein	huatúcuy
ersticken	eckécuy
essen	mícuy
etwas	imapas

F

Familie	aillu
Farbe	laya
fast	yacka
faul (träge)	ckella
fegen	píchay
fehlen	chusay
Feld	chacra, pampa
fett	quiquin
feucht	ockoscka
Feuer	nina
finden	tíncuy, táriy
Fisch	challua
Fleisch	aicha
Fliege	chuspi
fliegen	páay
fliehen	cacharícuy
Fluß	mayu
fragen	tápuy
Frau	huarmi
fremd	sujpa
freuen, sich	cúsicuy
Freund	yanasu
Freundin	yanasa
Frühling	ckómer pacha
Fuchs	átoj
fürchten	mánchay
Fuß	chaqui

G

Gast	cháyaj
geben	ckoy
gebraten	cancascka
gehen	'riy
gehen (spazieren)	púriy
gehen wir!	acuychis!
gelb	ckellu
Geld	ckoshcke
gerade eben	cháyraj
geschickt	churu
Gesicht	uya
Gespenst	manchachicu
gestern	ckayna
Getränk	upiana
gibt: es gibt	tían
glänzen	cánchay
glauben	críiy
gleich	ina
Glühwürmchen	curucánchaj
Gold	ckori
Gott	tata yaya
grillen	cáncay
groß	atun
grün	ckómer
gut	allin

H

Haar	chujcha
haben	tíay
Hals	cunca
Hand	maqui
hart	sinchi
hassen	chéjniy
häßlich	sajra
Haus	huasi
heiß	'rúpaj

helfen	yanápay
hell	cánchaj
herbringen	pusámuy, apámuy
Herbst	póckoy pacha
Herr	huerackocha
Herz	soncko
heute	cunan punchau
Hexe	umu
hier	caypi
Himmel	ánaj pacha
hinter	huasapi
Hintern	chaca
Hof	patiu
Hölle	súpay huasin
Holz	caspi
hören	uyáriy
Horn	huajra
Huhn	atashpa
Hund	ashca ckoshckéyoj
hundert	pacha
Hunger haben	yárckay
husten	újuy

I

ich	nocka
immer	túcuy pacha
intelligent	unánchaj
irgendein	pillapas

J

ja	ari
jagen	ápiy
Jahr	huata
jemand	pipas
jenes	chacká(y)
jetzt	cunan
jetzt gleich	cunallan
jetzt reicht's!	chaylla cachun!
Junge	huaina

K

kalt	chiri
kalt sein	chiriy
Katze	mishi
kaufen	'rántiy
kennen	réjsiy
Kind	chango, huahua
kleben	máckay
Kleidung	pilcha
klein	utula
Knie	ckonckori
Knoblauch	uchu
kochen	yánuy
kommen	ámuy
können	átiy
Kopf	uma
Körper	ucu
kosten	váley
Kranker	onckoscka
Krankheit	ónckoy
krank werden	ónckoy
Krokodil (kleines)	ckomerejo
Kröte	ampatu
Kürbis	sapallu
kurzem, vor	ñajcka
Kuß	múchay
küssen	múchay

L

lachen	ásiy
lang	suni
langsam	allimanta
Languste	tinti
lassen	sáckey
laufen	ckátiy
leben	causay
Leder	ckara
ledig (Frau)	mana ckosáyoj
ledig (Mann)	mana huarmíoj
leer	chúsaj
legen	chúray
Lehmwand	pirca
Lehrer	yacháchej
Leine (Lasso)	huasca
lernen	yachanáay
lesen	léey
Licht	cancha
lieben	múnay
links	llocke
Luft	huaira

lügen	llúllay
Lügner	llulla
lustig machen, sich	cámiy

M

machen	'rúay, ínay
Mädchen	sipas
Magier	umu
mahlen	cútay
Mahlzeit	micuna
Mais	sara
Maisbrei	api
Mal	cutis
Mann	ckosa
Männchen (Tier)	orcko
Mate (Tee)	yuyu
Medikament	ampina
Medizinmann, Arzt	ámpej
Mehl	acu
mehr	astaan
Mensch	runa
messen	túpuy
Mond	quilla
morgen	ckaya
Morgen	tutamanta
müde sein	májsiy
müde werden	sáicuy
Müll	ckopa
Mund	simi
Mutter	mama

N

Nachmittag	chisi
Nacht	tuta
Nacht werden	tutáyay
nahe	ckaylla(pi)
nähen	séray
Name	suti
Nase	sencka
naßmachen	óckoy
nehmen	ápiy
neu	mósoj
nicht	mana, ama
nichts	mana imapas
nie	mana aicap
niemand	mana pipas
nieseln	gáruay
nochmal	cutis
Norden	ánaj lau
nützlich	sirúej

O / P

oben	anajpi
öffnen	quicháriy
Ohr	nigri
Oma	mama vieja
Opa	tata viejo
Ort	llajta
Pfeil	huachi
pinkeln	íshpay

R

Rauch	ckosni
rauchen	pítay
rausgehen	llójsiy
rechts	checka
Regen	para
regnen	páray
reich	ashcko
reingehen	yáicuy
reisen	púriy
roh	chaa, puca
rufen	huájyay
Ruhe!	ckasi tíay!
ruhig	ckasi

S

sagen	niy
Salz	cachi
salzig	cachilu, cachíoj
sammeln	pállay
Sand	tíu
satt	sajsa
sauer	patalcka
Scham	pénckay
scheinen (glänzen)	cánchay
scheinen: mir scheint ...	inacúan
schicken	cáchay

schlafen	púñuy
Schlange	machájhuay
Schmerz	nana
schmerzhaft	nánaj
schmutzig	mapa
schon	na
schön	súmaj
schreiben	escríbiy
schreien	ckapáriy
Schüler	yachachina
Schüttelfrost	chirichiri
schütteln	cháprey
Schwanz	chupa
schwarz	yana
schwer	lásaj
Schwester (v. Frau)	ñaña
Schwester (v. Mann)	pana
Schwiegertochter	apshu
schwimmen	huáitay
sehen	ckáay
sehr	ancha
sein (Verb)	cay, tíay
selbst	quipu
setzen	chúray
setzen, sich	tiácuy
sie (Ez/Mz)	pay / paycunna
singen	cántay
so	chayna
so sei es!	chayna cachun!
Sohn (v. Frau)	huaa
Sohn (v. Mann)	churi
Sohn, jüngerer	shulcu
Sommer	'rúpay pacha
Sonne	inti
spielen	pújllay
spielen (Instrument)	huájtay
Spielzeug	pujllana
Sprache	ckallu
sprechen	'rímay
stark	sinchi
stehlen	súay
stellen	chúray
sterben	huáñuy
Sternschnuppe	ckóllur
still sein	upállay
Stimme	cunca
stinken	mútquiy
Stock	caspi, taana
Stoff	aascka
Strafe	llaqui
streiten, sich	mackanácuy
stricken	áay
Student	yachachina
suchen	máscay
süß	mishqui

T

Tag	punchau
Tag werden	packáriy
tanzen	dánzay
taub	upa
teuer	ashca ckochcke
Teufel	súpay
Tiger	uturungu
Tochter (v. Mann)	sipásniy
Tochter (v. Frau)	huaa
Tochter, jüngere	shulca
Topf	manca
tot	huañuscka
töten	huañúchiy
tragen	ápay
Träne	huecke
träumen	mósckoy
traurig	llaquicus, lláquej
trinken	úpiay
tun	ínay
Tür	puncu

U

üben	mälliy
übersetzen	pájchay
übersetzen: ins Spanische ...	castillapi chúray
Ufer	chimpa
umarmen	márckay
umrühren	pájchay
umwerfen	pájchay
unterrichten	yacháchiy
unverschämt	mana penckayníoj
Urin	ishpa

V

Vater	tata
verbessern	sumájyay
verboten	ama
Verbrechen	ucha
verbrennen	'rúpay
verdienen	gánay
vergangen	llalliscka
vergessen	ckónckay
verheiratet (Frau)	ckosáyoj
verheiratet (Mann)	huarmíyoj
verkaufen	'rantícuy
Verletzung	nana
verlieren	chíncay
verloren	chincascka
verrückt	lojlo
verrückt werden	locóyay
verschieden	chulla
verstecken	pácay
verstecken, sich	pacácuy
verstehen	unánchay
Verwandte	aillucuna
verwundet	nanachiscka
viel: zu ...	ancha ashca
viel(e)	ashca
vielleicht	atin cayta
vor	ñauckempi
vorbeigehen	llálliy
Vorderseite	pajra
vorgestern	chaynacháynaj
vorher	únay

W

wachsen	huíñay
Wahrheit	checka
Wald	sacha
Wand	percka
warm	ckoñi
warm sein	'rúpay
warten	súyay
waschen	máillay
waschen, sich	maillácuy
Wasser	yacu
weben	áay
Weber	áaj
Webstuhl	aana
wecken	llíjchay
Weg	ñan
weh tun	nánay
Weibchen (Tier)	china
weich	llampu, lluspi
weil	imajraycu
Wein	vinu
weinen	huáckay
Weiser	yáchaj
weit weg	carupi
weitergehen	ñáupay
wenig	utula
wenn nicht	manapé
werden	voliácuy
werfen (weg-)	chéckay
wiederholen	cutis 'rúay
wild	piña
Wildschwein	sacha cuchi
Wind	huaira
Winter	chíriy pacha
wissen	yáchay
wissen wollen	yachanáay
wohnen	causay
Wohnung	causana
Wolke	puyu
Wolle	millua
wollen	múnay
Wunde	nana
wünschen	múnay
Wurm	curu
Wurzel	sapi

Z

Zahn	quiru
zärtlich	llullu
Zeit	pacha
zukünftig	ámoj
Zunge	ckallu
zusammen	cusca
zusammendrücken	ñítiy
zusätzlich	yapa

Literaturhinweise

über das Castellano

●**Hugo Kubarth: "Das lateinamerikanische Spanisch"**, Hueber, München, 1987

In Spanisch geschriebene Bücher:

●**Félix Coluccio: "Diccionario de voces y expresiones argentinas"**, Buenos Aires 1985 (Wörterbuch, beinhaltet auch das Lunfardo)
●**Juliane Vering: "¿Qué tal? Curso de español en Argentina"**, Buenos Aires, 1991 (Lehrbuch für Anfänger)
●**Elina Malamud: "Macanudo 1, Manual para la enseñanza del español del Río de la Plata"**, Buenos Aires, 1990 (Kommunikationskurs für Anfänger)

über das Quichua

Alle mir bekannten Bücher über das Quichua von Santiago sind in spanischer Sprache erschienen und stellen wegen der Kleinst-Auflagen echte Raritäten dar. Einige dieser Bücher findet man in der Bibliothek Museo Etnográfico, Facultad de Filosofía, Calle Moreno 350, Capital Federal, Buenos Aires.

●Der **Kauderwelsch-Band 36 "Quechua für Peru-Reisende"** behandelt zwar das Quechua der Anden-Region Ayacucho, aber diese Sprache weist große Ähnlichkeit mit dem Quichua auf. Sprachinteressierten sei der Band empfohlen.
●**Delia Rothschild, Orfelia Garcia: "Quichua fácil para conversar, leer y escirbir"**, Buenos Aires, 1989
●**Domingo Bravo: "Diccionario Castellano Quichua santiagüeño"**, La Banda Santiago del Estero, 1988
●**Domingo Bravo: "El quichua santiagueño, reducto idioma argentino"**, Tucumán 1956 (Grammatik, Wörterverzeichnis, Texte)
●**Alma Pedretti de Bolon: "Antigua y nueva Gramática"**, Montevideo 1978
●Kostenlose **Sprachkurse** für Quichua finden statt im Casa de la Provincia de Santiago del Estero, Calle Florida 274, Buenos Aires und in der Universidad Nacional de Santiago del Estero, Facultad de Humanidades, Calle Belgrano Sur 1912, Santiago del Estero.

Verbreitung von Indianersprachen in Argentinien

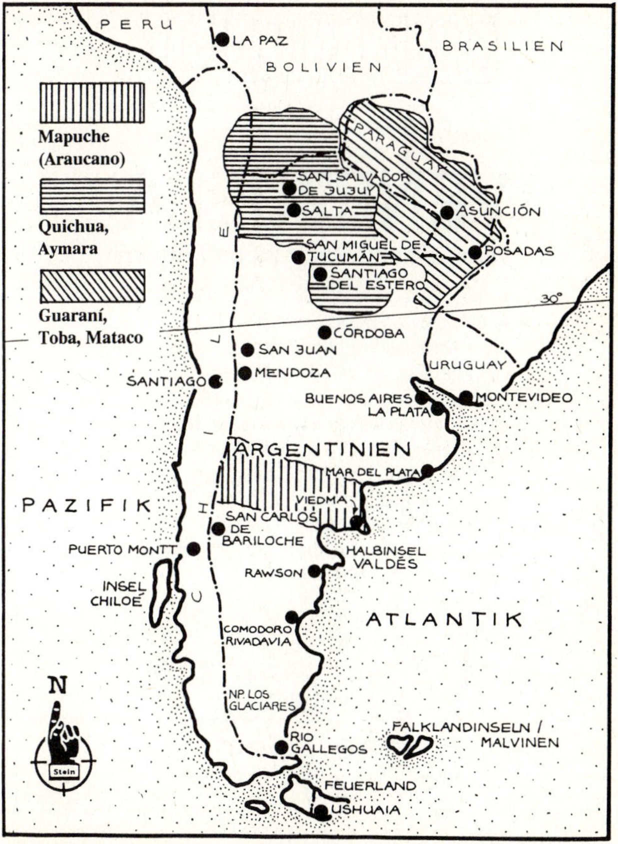

Karte aus: Conrad-Stein-Verlag, Kiel (Argentinien Reisehandbuch)

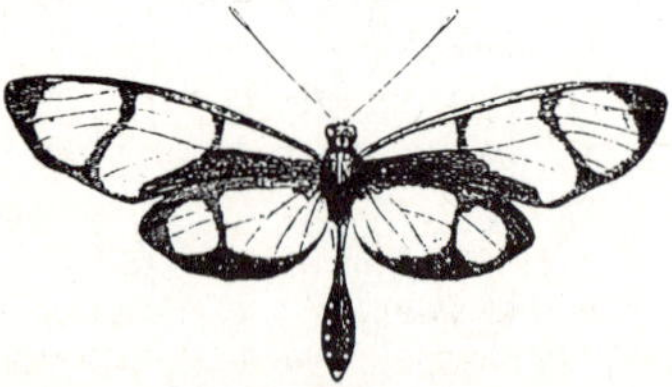

REISE KNOW-HOW®

Evelin Seeliger

Trinidad & Tobago, Barbados, St. Lucia, St. Vincent, Grenada

Handbuch für individuelles Reisen und Entdecken in der Inselwelt der östlichen Karibik

Galten die Karibischen Inseln noch bis vor kurzem als Luxusziel für Leute mit prall gefülltem Geldbeutel, so entwickeln sie sich heute dank verbilligter Flugpreise zum Geheimtip für Globetrotter. Immerblauer Himmel, strahlendweiße Strände, Reggae und Rastafari, Karneval und Steeldrums locken Jahr für Jahr mehr Sonnenhungrige auf die "Inseln unter dem Wind". Die Autorin kennt die Kleinen Antillen seit Jahren und faßt in diesem Reiseführer die Eilande zusammen, auf denen Englisch die Hauptverkehrssprache ist. Kultur und Gesellschaft der Menschen, Naturschönheiten und Sehenswürdigkeiten werden ausführlich beschrieben. Hinzu kommen die Reise-Know-How-typischen praktischen Informationen, die eine Reise in die ehemalige Heimat der Piraten zum ungetrübten Erlebnis werden lassen.

Ca. 400 Seiten, über 100 Fotos, davon ca. 30 in Farbe, viele Karten, Pläne und Zeichnungen.

ISBN 3-89416-174-4

DM 36.80, *SF 37.80, ÖS 280.–*

Deutsch - Spanisch

A

ab	a partir de
abbiegen	doblar
Abendbrot essen	cenar
Abendessen	cena
aber	pero
abhängen	depender
abreisen	partir
Absicht	intención (w)
Achtung	atención (w), mucho ojo
Adresse	dirección (w)
Aids	SIDA
alle	todos
allein	sólo
allein (nur)	solamente (Umst.)
alles	todo
allgemein	en general
also	pues
alt	viejo
an	en, cerca de
anbieten	ofrecer
Andenken	recuerdo
anderer	otro
Anfang	comienzo
anfangen	empezar
angeln	pescar
angenehm	agradable
Angst	miedo
ängstlich	ansioso
anhalten	pararse
ankommen	llegar
anschalten	prender, encender
ansehen	mirar
anstellen, sich	formar fila
antworten	contestar
Anzeige (Zeitung)	clasificado, aviso
anzeigen	anunciar
anziehen	ponerse
anziehen, sich	vestirse
Anzug	ambo, traje (m)
Apotheke	farmacia
Arbeit	trabajo, laburo
arbeiten	trabajar, laburar
Arbeiter	obrero
argentinisch	argentino, criollo
arm	pobre
Arm	brazo
Art	manera
Arzt	médico
Aschenbecher	cenicero
auch	también
auch nicht	tampoco
auf	sobre
aufhören	acabar, terminar
aufpassen	cuidar
aufräumen	arreglar
aufschreiben	notar
aufstehen	levantarse
aufwachen	despertarse
Aufzug	ascensor (m)
aus	de, desde
Ausflug	excursión (w)
Ausgang	salida
ausgebucht	completo
ausgehen	salir
ausgezeichnet	excelente
Ausländer	gringo
ausländisch	extranjero
ausreichend	suficiente
ausruhen, sich	descansar
ausschalten	apagar
Aussicht	vista
aussteigen	bajar
auswählen	elegir
Ausweis	documento de identidad (d.n.i.)
ausziehen (Kleidung)	sacarse, quitarse
Auto	auto, coche (m)
Autobahn	autopista
Autokennzeichen	chapa

B

Baby	nena, nene
Bäckerei	panadería
Bademantel	bata de baño
baden	bañarse
Badewanne	bañera
Badezimmer	baño
Bahnhof	estación de ferrocarril (w)
bald	pronto
Bank (finanz.)	banco
bar, in	contado, efectivo

Batterie	pila
bauen	construir
Beamter	funcionario
beeilen, sich	apurarse
beeindruckend	impresionante
beenden	terminar, acabar
befinden, sich	estar, encontrarse
begleiten	acompañar
behandeln	atender
Bein	pierna
Beispiel (zum ...)	ejemplo (por...)
bekannt	conocido
bekommen	recibir, conseguir
bemerken	darse cuenta de
Benzin	nafta
beobachten	observar
bequem	cómodo
berühren	tocar
Beschwerde	reclamo
besonders	especialmente
besuchen	visitar
Bett	cama
Bettlaken	sábana
bevorzugen	preferir
bewegen	mover
bewundern	admirar
bezahlen	pagar
beziehen auf, sich	referirse a
Beziehung	vínculo
Bier	cerveza
Bild	cuadro, dibujo
billig	barato, económico
bis (zeitl.)	hasta
bitte!	¡por favor!
bitten	pedir, rogar
bitter	amargo
Blatt (Papier/bot.)	hoja
bleiben	quedarse
Bleistift	lápiz (m)
blond	rubio
Blume	flor
Boden	suelo
Botschaft	embajada
brauchen	necesitar
brechen	romperse
breit	ancho, amplio
Brief	carta
Brille	anteojos (Mz)
bringen	traer
Buch	libro
buchstabieren	deletrear
Bügeleisen	plancha
bügeln	planchar
Bürgersteig	vereda
Büro	escritorio, oficina, despacho
Bürste	cepillo
Bus	colectivo, micro

C

Café	bar (m)
Chef	jefe / patrón (m)
Chemische Reinigung	tintorería

D

da	allí
Dach	techo
dafür (sein)	(estar) en favor
dagegen (sein)	(estar) en contra
damit	para que
danke!	¡gracias!
dann	entonces, luego
das da	eso
daß	que
dauern	tardar, demorar
Dauerwelle	permanente (m)
Decke	frazada
Demonstration	manifestación (w)
denken	pensar
deutsch	alemán
Deutsche	alemana
Deutscher	alemán
Diät	régimen (m)
dick	grueso
dies	este
Diesel	gas oil (m)
Disko	discoteca
doof	estúpido
Dorf	pueblo
dort	allí, allá
dort hinten	en el fondo
draußen	afuera
drinnen	dentro
dünn	fino
durch	por
Dusche	ducha

E

echt	puro
egal, es ist	da igual
Ehe	matrimonio
Ehefrau	esposa
Ehemann	marido
Ei	huevo
Eigentümer	dueño
Eimer	balde (m)
einfach	simple, fácil
einfarbig	liso
Eingang	entrada
einladen	invitar
einpacken	envolver
Eintrittskarte	entrada, boleto
einverstanden sein	estar de acuerdo
einwandern	radicarse
Einwanderungs-behörde	migración (w)
Einwohner	habitante (m)
einzig	único
Eis	helado
elektrisch	eléctrico
Eltern	padres (Mz)
empfehlen	recomendar
Ende	fin (m)
endlich	por fin, finalmente
eng	estrecho
englisch	inglés
entfernen	quitar
entscheiden, sich	decidirse
Entschuldigung	perdón (m)
entspannt	relajado
enttäuscht	desilusionado
Erdgeschoß	planta baja
Erfolg	éxito
erfreut	encantado
erholen, sich	recuperarse
erinnern, sich	acordarse, recordar
erklären	declarar, explicar
erlauben	permitir
Ersatzteil	repuesto
erster	primero
Erwachsener	adulto, mayor (m)
erzählen	contar
essen	comer
Etage	piso
etwas	algo

F

Fabrik	fábrica
Fahne	bandera
fahren (allgemein)	ir, andar
fahren (lenken)	manejar
Fahrkarte	boleto, pasaje (m)
Fahrkartenschalter	boletería
Fahrrad	bicicleta
Falle	trampa
fallen	caer
falsch (gefälscht)	trucho
falsch (Irrtum)	falso
Farbe	color (m)
Farm	estancia
fehlen	faltar
fein	fino
Fenster	ventana, ventanilla
Fernsehserie	telenovela
fertig	listo
Fest (Feier)	fiesta
Fett	grasa
feucht	mojado, húmedo
Feuer	fuego
Feuerwehr	bomberos (Mz)
Film	película
finden	encontrar
Finger	dedo
Flasche	botella
Fleisch	carne (w)
Flug	vuelo
Flughafen	aeropuerto
Flugzeug	avión (m)
Flur	pasillo
Fluß	río
folgend	siguiente
fotografieren	sacar fotos
fragen	preguntar
Frau	señora
Fräulein	señorita
frei	libre
freuen, sich	alegrarse
Freund	amigo, novio
Freundin	amiga, novia
freundlich	amable
Friedhof	cementerio
Friseur	peluquería
Frisur	peinado
früh	temprano

Frühstück	desayuno
fühlen	sentirse
funktionieren	andar
für	para, pa'
Fuß	pie (m)
Fuß gehen, zu	caminar, andar a pie
Fußball	fútbol (m)

G

ganz	todo, entero
Gardine	cortina
Garten	jardín (m)
Gast	invitado
Gebäude	edificio
geben	dar
geboren werden	nacer
Gebühr	arancel (m), tasa
Geburtstag	aniversario, cumpleaños (Mz)
Geburtstag haben	cumplir años
gefährlich	peligroso
gefallen	gustar
gefüllt	relleno
Gegend	región (w)
gegenüber	enfrente de
gehen	ir, andar
Geld	plata, dinero
Gelegenheit	oportunidad (w)
gemischt	mixto
Gemüse	verdura
genießen	disfrutar
genügend	suficiente
Gepäck	equipaje (m)
gerade eben	recién
Geräusch	ruido
Geschäft	tienda, negocio
Geschäftsführer	gerente (m)
geschehen	suceder
Geschenk	regalo
Geschichte	historia
Geschirr	vajilla
geschlossen	cerrado
Geschmack	gusto
Gesicht	cara
gestern	ayer
gestern abend	anoche
gesund	sano
Gesundheit	salud (w)
Getränk (allgemein)	bebida
Getränk (Cola etc.)	gaseosa
Gewerkschaft	sindicato
Gewicht	peso
gewinnen	ganar
gibt, es	hay
Glas (Becher)	vaso
Glas (Material)	vidrio
glatt (Haare)	liso
Glaube	fe (w)
glauben	creer
gleich	igual, mismo
gleich (sofort)	en seguida, ahora mismo
Glück	suerte (w)
glücklich	feliz
Glückwunsch	felicidades (Mz)
Gold	oro
Gott	Dios
grausam	cruel
Grill (im Haus)	parrilla
Grill (Imbiß)	rotisería
groß	grande
Größe	tamaño
größer (älter)	mayor
Grund	razón (w)
Gruß	saludo
Gürtel	cinturón (m)
gut	bueno, bien (Umst.)

H

Haar	cabello
Haarschnitt	corte (m)
haben	tener
Hafen	puerto
halb	medio
Haltestelle	parada
Hammer	martillo
Hand	mano (w)
handeln	tratar
Handtasche	cartera
Handtuch	toalla
hängen	colgar
hart	duro
Hase	conejo
häßlich	feo

Hauptstadt	capital (w)
Haus	casa
Hause, nach	a casa
Hause, zu (bei mir)	en (mi) casa
Häuserblock	cuadra
Hausmeister	conserje (m)
heiraten	casarse
heiß	caliente
heißen	llamarse
Heizung	calefacción (w)
helfen	ayudar
hell	luminoso, claro
Hemd	camisa
herein!	¡adelante!
Herr	señor (m)
Herz	corazón (m)
heute	hoy
hier	acá, aquí
Hinfahrt	ida
hinten	detrás
hinter	detrás de
Hitze	calor (m)
hoch	alto
Hochzeit	bodas (Mz)
hoffen	esperar
hoffentlich	ojalá
Holz	madera
hören	escuchar, oir
Hose	pantalón (m)
hübsch	lindo
Hund	perro
Hunger	hambre (el)
Hütte	rancho

I

Idee	idea
immer	siempre
Impfung	vacunación (w)
in	en
Inhalt	contenido
irgendein	algún
irren, sich	equivocarse

J

ja	sí
Jacke	campera
Jahr	año
jeder	cada
jemand	alguien
jenes	aquello
jetzt	ahora
Johannisbrotbaum	algarroba
jung	jóven
Junge	chico, muchacho

K

Kaffee	café (m)
kalt	frío
Kamera	cámara fotográfica
kämmen, sich	peinarse
kämpfen	luchar
kaputt	roto, estropeado
Kasse	caja
kassieren	cobrar
kaufen	comprar
kaum	apenas
kein	ningún
Kellner	mozo
kennen	conocer
kennenlernen, sich	conocerse
Kerze	vela
Kind	niño, niña
Kindergarten	jardín de infantes (m)
Kino	cine (m)
Kirche	iglesia
Kiste	caja
klar	claro
Klavier	piano
Kleid	vestido
Kleidung	ropa
klein	chico, pequeño
Klempner	plomero
Klimaanlage	aire acondicionado (m)
Kneipe	boliche (m)
Knoblauch	ajo
Knopf	botón (m)
kochen (etw.)	cocinar
kochen (sieden)	hervir
Kochtopf	olla, caserola
Koffer	valija
Kohle	carbón (m)
kommen	venir, llegar
kommen aus	provenir

können	poder
Konzert	recital (m)
Kopf	cabeza
Kopfsalat	lechuga
Korkenzieher	destapador (m)
kosten	costar
krank	enfermo
Krankenhaus	hospital (m)
Krankenkasse	obra social
Krankenschwester	enfermera
Kravatte	corbata
Kreditkarte	tarjeta
Küche	cocina
Kuchen	torta
Kugelschreiber	birome (w)
Kühlschrank	heladera
Künstler	artista (m)
Kunstwerk	artefacto
Kuß	beso
küssen	besar

L

lachen	reir
Laden	tienda
Lampe (Birne)	lámpara
Land	país (m)
Landesinnere	interior (m)
Landhaus	quinta
Landkarte	mapa (m)
Landschaft	paisaje (m)
Landstraße	ruta
lang	largo
langärmelig	manga larga
lange, sehr (Zeit)	mucho tiempo
längs (entlang)	a lo largo
langsam	despacio
langweilig	aburrido
Lärm	ruido
lassen	dejar
laut	alto
leben	vivir
Leben	vida
Lebensmittel	alimentos (Mz)
lecker	rico
Leder	cuero
leer	vacío
legen	poner
leicht (einfach)	fácil
leicht (Gewicht)	ligero
leiden	sufrir
leider	lamentablemente
lernen	aprender, estudiar
lesen	leer
letzter	último
Leute	la gente (Ez)
Licht	luz (w)
Liebe	amor (m)
lieben	querer, amar
Lied	canción (w)
linker	izquierdo
Lippenstift	barra de labios
Lohn (Gehalt)	sueldo
Lotto	prode (m)
Luft	aire (m)
Lust	ganas (Mz)
lustig	divertido

M

machen	hacer
Mädchen	chica, muchacha
mal	(una) vez
malen (an-)	pintar
Maler	pintor (m)
man	se, uno
manchmal	a veces
Mantel	sobretodo
Markt	mercado, abastecimiento
Marmelade	mermelada
Maschine	máquina
Mate (Tee)	yerba
Meer	mar (m)
Mehl	el harina (w)
mehr	más
meinen	opinar, pensar
Meinung	opinión (w)
Mensch	hombre
Messer	cuchillo
mieten	alquilarse
Milch	leche (w)
mindestens	por mínimo
Mineralwasser	el agua mineral (w)
mit	con
mitnehmen	llevar
Mittag	mediodía (m)
Mittag essen	almorzar

Mittagspause	siesta
Möbel	muebles (Mz)
modisch	buena onda
möglich	posible
Monat	mes (m)
morgen	mañana
Morgen	mañana
Motorrad	moto (w)
müde	cansado
Mühe	pena
Münze	moneda
Muschel	mejillón (m)
müssen	deber, tener que
Mutter	madre (w)

N

nach (zeitl.)	después
Nachmittag	tarde
Nachname	apellido
Nachrichten	noticias (Mz)
nachsehen (ermitteln)	averiguar
nächster	próximo
Nacht	noche (w)
Nachtisch	postre (m)
Nagel (Finger)	uña
Nagel (Handwerk)	clavo
nahe	cerca
neben	al lado de
nehmen	agarrar, tomar
nein	no
neu	nuevo
nicht	no
nicht mehr	ya no
noch	aún, todavía
noch ein	otro
Norden	norte (m)
notwendig	necesario
Nummer	número
nur	solamente
nützlich	útil

O

ob	si
oben	arriba
Obst	fruta
Ofen (Herd)	horno
offen	abierto
öffnen	abrir
oft	frecuentemente, a menudo
Ohr	oreja
Öl	aceite (m)
Omelett	tortilla
Ort	lugar (m), ubicación (w)
Ostern	Pascua

P / Q

Paket	paquete (m)
Papier	papel
Paprikapulver	pimentón (m)
Parfum	perfume (m)
parken (Auto)	estacionar
Parkett (Theater)	platea
Parkplatz	playa de estacionamiento
Paß	pasaporte (m)
Passagier	pasajero
passieren	pasar
pensioniert	jubilado
Personalausweis	d.n.i. (Abk.), sédula
Pfanne	sartén (w)
Pfeffer	pimienta, ají (m)
Pferd	caballo
Pflaster	curita, tela adhesiva
Plastik	plástico
Platte	disco
Plattenspieler	tocadiscos (m)
Platz	plaza
Platz	plaza
Polizei	policia federal
Post	correo(s)
Postkarte	tarjeta postal
Praxis (Arzt-)	consultorio
Praxis (Übung)	práctica
Preis	precio
probieren	probar
Prost	chin-chin
Prüfung	examen (m)
Pullover	suéter (m), chompa
Punkt	punto
pünktlich	puntualmente
Puppe	muñeca
Quelle	fuente (w)

R

Rabatt — descuento
Radiergummi — borradora
Radio — radio (w)
rasieren, sich — afeitarse
Rat geben — aconsejar
rauchen — fumar
rauffahren/-gehen — subir
Raum — sala
rausgehen — salir
rausziehen — sacar
Rechnung — cuenta
Recht — derecho
rechts — a la derecha
rechtzeitig — a tiempo
Regen — lluvia
Regierung — gobierno
regnen — llover
reich — rico
Reifenwerkstatt — gomería
Reihe, an der — de turno
reingehen — entrar
Reis — arroz (m)
Reise — viaje (m)
Reisebüro — agencia de viajes
Reiseführer — guía (m)
reisen — viajar
Reparatur — compostura, reparación (w)
Rezept — receta
Richtung — rumbo, dirección (w)
Ring — anillo
Rock — pollera
Rotwein — vino tinto
Rückfahrt — vuelta
Rückkehr — regreso
rufen — llamar
ruhig — tranquilo
rund — redondo
runterfahren — bajar

S

Sache — cosa
Saft — jugo
sagen — decir
Sahne (süße) — crema
Saison (Hoch-) — temporada (alta)
Saison (Neben-) — temporada (baja)
Salat — ensalada
Salz — sal (w)
Sammlung — colección (w)
Sand — arena
Satz — frase (w)
sauber — limpio
scharf (gewürzt) — picante
Schatten — sombra
schauen — mirar
Schaufenster — vidriera
Schauspiel (Vorstellung) — espectáculo
Scheibenwischer — limpiaparabrisas
scheinen — parecer
Scheinwerfer — faro
scheiße! — ¡mierda!
schicken — enviar, mandar
Schirm — paraguas (m), sombrilla
schlafen — dormir
Schlag — golpe (m)
Schläger (Tennis-) — raqueta (de tenis)
Schlagloch — pozo
Schlange (Tier) — víbora
Schlange stehen — hacer cola
schlecht — mal
schlechter — peor
schließen — cerrar
Schloß (Tür-) — herramiento
Schloß (Vorhänge-) — candado
Schlüssel — llave (w)
schmecken — gustar
Schmerz — dolor (m)
schminken, sich — maquillarse
schmutzig — sucio
Schnee — nieve (w)
schneiden (ab-) — cortar
schneien — nevar
schnell — rápido
Schokolade — chocolate (m)
schon — ya
schön — hermoso
Schrank — placard (m)
Schraubenzieher — destornillador (m)
schreiben — escribir
schreien — gritar
Schublade — cajón (m)

Schuh	zapato
Schuld	culpa
Schule	escuela, colegio
Schüler	alumno
schwer (Gewicht)	pesado
schwierig	difícil
Schwimmbad	piscina
schwimmen	nadar
schwindelig	mareado
See	lago
sehen	ver
sehr	muy, re-
Seide	seda
Seife	jabón (m)
sein (Verb)	estar, ser
seit	desde, hace
Seite (Buch)	página
Seite (Straße)	lado
selbstverständlich	por supuesto
setzen, sich	sentarse
Shampoo	champú (m)
sich	se
sicherlich	seguramente
Silber	plata
singen	cantar
Sitzplatz	asiento
Ski	esquí (m)
Ski fahren	esquiar
so	así, tan
sofort	en seguida
Sonderangebot	oferta
sondern	sino
Sonne	sol (m)
sonnen, sich	broncearse
Sonnenblume	girasol (m)
sonst noch etwas	algo más
Sorgen machen, sich	preocuparse
Soße	salsa
soviel	tanto
Spanier	español
Spanierin	española
spanisch	español
spät	tarde
später	después
spazieren gehen	pasear
spenden	donar
Spiegel	espejo
spielen (Gitarre)	tocar (la guitarra)
spielen (Kinder)	jugar
Spielzeug	juguete (m)
sponsoren	auspiciar
Sport	deporte (m)
Sportplatz	cancha
sprechen	hablar
Spülmittel	detergente (m)
Staat	estado
Stadt	ciudad (w)
Stadtbücherei	biblioteca municipal
Stadtmitte	centro
Stadtplan	mapa (m)
Stadtteil	barrio
stark	fuerte
Staubsauger	aspiradora
Stecker	ficha
stehenbleiben	detenerse
Stein	piedra
Stelle	lugar (m)
stellen	colocar
Steppe	pampa
sterben	morir(se)
Steuern	impuestos (Mz)
Stewardess	azafata
Stockwerk (Etage)	piso
Strafe	pena
Strand	playa
Straße	calle (w)
Straße, breite	avenida
Straßenschild	pasacalle (m)
Strauß (Blumen-)	ramo (de flores)
Streichholz	fósforo
Streik	huelga
streiten, sich	pelearse
Stück	pedazo, trozo
Stuhl	silla
Stunde	hora
suchen	buscar
Süden	sur (m)
südlich	austral
Supermarkt	supermercado
Suppe	sopa

T

Tag	día (m)
Tal	valle (m)
Tankstelle	estación de servicio (w)

Tankwart	naftero
Tannenbaum	pino
Tanz	baile (m)
tanzen	bailar, danzar
Tasche	bolso
Taschenmesser	navaja
Tasse	taza
taub	sordo
Taube	paloma
Tee	té (m)
Teil	parte (w)
teilen (Zimmer)	compartir (habitación)
Telefon	teléfono
Telefonbuch	directorio
Telefonmünze	ficha (telefónica)
Telefonnummer	número de teléfono
Teller	plato
Tennis	tenis (m)
Teppich	alfombra
Tesafilm	cinta adhesiva transparente
teuer	caro
Tier	animal (m)
Tisch	mesa
Titelseite	tapa
Toilette	baño
Toilettenpapier	papel higiénico (m)
toll (super)	bárbaro
Topf	cazuela
töten	matar
Toto (Spiel)	quiniela
tragen	llevar
traurig	triste
Treffen	encuentro
trinken	beber, tomar
Trinkgeld	laudo, propina
trocken	seco
Tür	puerta
Tüte	bolsa
Typ	tipo
typisch	típico

U

U-Bahn	subte (m)
üben	practicar
über (auf)	sobre
Überfluß, im	abundante
überhaupt	en absoluto
Überweisung (Bank)	giro
überzeugt	convencido
übrigbleiben	quedar
Ufer	orilla
Uhr	reloj (m)
umarmen	abrazar
umsteigen	combinar
umtauschen	cambiar
umziehen (Wohnung)	mudarse
umziehen, sich	cambiarse
und	y
Unfall	accidente (m)
ungefähr	alrededor, más o menos
Universität	universidad (w), facultad (w)
unmodisch	mala onda
unmöglich	imposible
Unordnung	lío, quilombo
unten	abajo
unter	debajo de
Unterbrechung	interrupción (w)
Unterdrückung	represión (w)
unterhalten, sich	conversar, charlar
Unterschied	diferencia
unterschiedlich	diferente, vario
Unterschrift	firma
untersuchen	revisar

V

Vater	padre (m)
verabreden, sich	citarse
verbieten	prohibir
verbringen (Ferien)	pasar (las vacaciones)
verdienen	ganar
vergessen	olvidar
vergnügen, sich	divertirse
verheiratet	casado
verkaufen	vender
Verkehr (Straßen-)	tránsito
verlieben, sich	enamorarse
verliebt	enamorado
verlieren	perder
vermieten	alquilar
verrückt	macanudo, loco, maluco

verschieben (zeitl.)	postergar
Verschmutzung	contaminación (w)
Versicherung	seguro
Verspätung	retraso
versprechen	prometer
verstehen	entender
versuchen	intentar
Vertrag	contrato
vertrauen	confiar
Videorecorder	videograbador (m)
Vieh	ganado
viel	mucho, un montón
vielleicht	quizás
Vogel	pájaro
voll	lleno
völlig	totalmente
von	de
vor (örtl.)	delante de
vor (zwei Monaten)	hace (dos meses)
voraus, im	previamente
vorbereiten	preparar
Vorgang (bürokratischer)	trámite (m)
vorher	antes
Vorname	nombre (m)
vorne	delante
Vorschlag	propuesta
vorstellen (Personen)	presentar
vorstellen, sich (sich bekanntmachen)	presentarse
vorstellen, sich etwas	imaginarse
Vorstellung (Kino, Theater)	función (w)
Vorwahl (Telefon)	característica

W

Waffe	arma (el)
Wagen	auto
Wagen (Supermarkt)	chango
während	durante
Wahrheit	verdad (w)
Wald	bosque (m)
Wand	pared (w)
warten	esperar
waschen	lavar
waschen, sich	lavarse
Waschmaschine	lavarropas (m)
Wasser	agua (el) (w)
wegen	por
weggehen	irse
wegwerfen	botar
weh tun	doler
weich	suave
Weihnachten	navidad (w)
Wein	vino
weinen	llorar
Weintraube	uva
Weißwein	vino blanco
weit entfernt	lejos
weitergehen	seguir
Welle	ola, onda
Welt	mundo
wenig	poco
weniger	menos
wenn (falls)	si
Werbung	comercial (m)
werden	hacerse (Beruf), ponerse
werfen	arrojar
Werkstatt	taller (m)
Wert	valor (m)
wertvoll	valioso
Westen	oeste (m)
Wetter	tiempo, clima (m)
wichtig	importante
wie	cómo
wieder	otra vez, de nuevo
wieder tun	volver a hacer
wiederholen	repetir
Wildleder	gamuza
willkommen	bienvenido
Wind	viento
wirklich	efectivamente, realmente
wissen	saber
Woche	semana
Wochenende	fin de semana (m)
wohnen	vivir
Wohnung	departamento
Wohnzimmer	living (m)
Wolke	nube (w)
Wolle	lana
wollen	querer
Wort	palabra
wundern, sich	extrañar
wünschen	desear
würzen	condimentar

Z

zählen	contar
Zahn	diente (m), muela
Zahnarzt	dentista
Zahnpasta	crema dental, dentífrico
zärtlich	cariñoso
Zeh	dedo
Zeichnung	diseño
zeigen	mostrar
Zeit	tiempo
Zeitschrift	revista
Zeitung	diario
Zelt	tienda de campamento
Zettel	apunte (m), hoja
Zeuge	testigo
ziehen	sacar
Ziel	destino
ziemlich	bastante
Zigarette	cigarillo
Zimmer	habitación (w), ambiente (m)
Zoll	aduana
zu (nach)	a, hacia
Zucht (von Tieren)	cría
zuerst	primero
zufrieden	contento
Zug	tren (m)
zurechtmachen, sich	arreglarse
zurück	a la vuelta, atrás
zurückkommen	volver
zusammen	juntos
zusätzlich	adicional
Zuschlag	recargo
Zustand	estado
zuviel	demasiado
Zweifel	duda
zwischen	entre

Spanisch - Deutsch

A

a	zu, nach
abajo	unten
abastecimiento	Markt
abierto	offen
abrazar	umarmen
abrir	öffnen
absoluto, en	überhaupt
abundante	im Überfluß
aburrido	langweilig
acá	hier
acabar	beenden, aufhören
accidente (m)	Unfall
aceite (m)	Öl
aclarar	erklären
acompañar	begleiten
aconsejar	Rat geben
acordarse	sich erinnern
acuerdo, estar de	einverstanden sein
adicional	zusätzlich
admirar	bewundern
aduana	Zoll
adulto	Erwachsener
aeropuerto	Flughafen
afeitarse	sich rasieren
afuera	draußen
agarrar	nehmen
agencia de viajes	Reisebüro
agradable	angenehm
agua (el) (w)	Wasser
agua mineral (el) (w)	Mineralwasser
ahora	jetzt
ahora mismo	gleich, sofort
aire (m)	Luft
aire acondicionado	Klimaanlage
ají (m)	roter Pfeffer
ajo	Knoblauch
alegrarse	sich freuen
alemán	deutsch; Deutscher
alemana	Deutsche
alfombra	Teppich
algo	etwas
algo más	sonst noch etwas
alguien	jemand
algún	irgendein
alimentos (Mz)	Lebensmittel
allá	dort
allí	da
almorzar	Mittag essen

alquilar	vermieten
alquilarse	mieten
alrededor	ungefähr
alto	hoch; laut
alumno	Schüler
amable	freundlich
amar	lieben
amargo	bitter
ambiente (m)	Zimmer
ambo	Anzug
amiga	Freundin
amigo	Freund
amor (m)	Liebe
amplio	breit
ancho	breit
andar	fahren, gehen; funktionieren
andar a pie	zu Fuß gehen
anillo	Ring
animal (m)	Tier
aniversario	Geburtstag
anoche	gestern abend
ansioso	ängstlich
anteojos (Mz)	Brille
antes	vorher
anunciar	anzeigen
año	Jahr
apagar	ausschalten
apellido	Nachname
apenas	kaum
aprender	lernen
apunte (m)	Zettel
apurarse	sich beeilen
aquello	jenes
aquí	hier
arancel (m)	Gebühr
árbol (m)	Baum
arena	Sand
argentino	argentinisch; Argentinier
arma (el) (w)	Waffe
arreglar	aufräumen
arreglarse	sich zurechtmachen
arriba	oben
arrojar	werfen
arroz (m)	Reis
artefacto	Kunstwerk
artista (m)	Künstler
ascensor (m)	Aufzug
así	so
asiento	Sitzplatz
aspiradora	Staubsauger
atención (w)	Achtung
atender	behandeln
atrás	zurück
aún	noch
auspiciar	sponsoren
austral	südlich
austríaco	schweizerisch; Schweizer
auto	Auto, Wagen
autopista	Autobahn
avenida	Straße
averiguar	nachsehen (ermitteln)
avión (m)	Flugzeug
aviso	Anzeige (Zeitung)
ayer	gestern
ayudar	helfen
azafata	Stewardess

B

bailable (m)	Disko
bailar	tanzen
baile (m)	Tanz
bajar	aussteigen, runterfahren
banco	Bank (finanz.)
bandera	Fahne
bañarse	baden
bañera	Badewanne
baño	Badezimmer, Toilette
bar (m)	Café
barato	billig
bárbaro	toll, super
barra de labios	Lippenstift
barrio	Stadtteil
bastante	ziemlich
bata de baño	Bademantel
beber	trinken
bebida	Getränk (allgemein)
besar	küssen
beso	Kuß
biblioteca municipal	Stadtbücherei
bicicleta	Fahrrad

bien	gut (Umst.)
bienvenido	willkommen
birome (w)	Kugelschreiber
bochinche (m)	Durcheinander
bodas (Mz)	Hochzeit
boletería	Fahrkartenschalter
boleto	Fahrkarte, Eintrittskarte
boliche (m)	Kneipe
bolsa	Tüte
bolso	Tasche
bomberos (Mz)	Feuerwehr
borradora	Radiergummi
bosque (m)	Wald
botar	wegwerfen
botella	Flasche
botón (m)	Knopf
brazo	Arm
broncearse	sich sonnen
bueno	gut
buscar	suchen

C

caballo	Pferd
cabello	Haar
cabeza	Kopf
cada	jeder
caer	(hin)fallen
café (m)	Kaffee
caja	Kasse, Kiste
cajón (m)	Schublade
calefacción (w)	Heizung
caliente	heiß
calle (w)	breite Straße
calor (m)	Hitze
cama	Bett
cámara fotográfica	Kamera
cambiar	umtauschen
cambiarse	sich umziehen
caminar	zu Fuß gehen
camisa	Hemd
campera	Jacke
cancha	Sportplatz
canción (w)	Lied
candado	(Vorhänge)Schloß
cansado	müde
cantar	singen
caño	Wasserhahn
capital (w)	Hauptstadt
cara	Gesicht
característica	Vorwahl (Telefon)
carbón (m)	Kohle
cariñoso	zärtlich
caro	teuer
carta	Brief
cartera	Handtasche
casa	Haus
casa, a	nach Hause
casado	verheiratet
casarse	heiraten
caserola	Kochtopf
cazuela	Topf
cementerio	Friedhof
cena	Abendessen
cenar	Abendbrot essen
cenicero	Aschenbecher
centro	Stadtmitte
cerca	nahe
cerca de	an
cerrado	geschlossen
cerrar	schließen
cerveza	Bier
cigarillo	Zigarette
cine (m)	Kino
cinta adhesiva transparente	Tesafilm
citarse	sich verabreden
ciudad (w)	Stadt
claro	hell, klar
clasificado	Anzeige (Zeitung)
clavo	Nagel (Handwerk)
clima (m)	Wetter
cobrar	kassieren
coche (m)	Auto
cocina	Küche
cocinar	kochen (etw.)
cola (hacer ...)	Schlange (stehen)
colección (w)	Sammlung
colectivo	Bus
colegio	Gymnasium, Schule
colgar	hängen
colocar	stellen
color (m)	Farbe
combinar	umsteigen
comer	essen
comercial (m)	Werbung
comienzo	Anfang

cómo	wie
cómodo	bequem
compartir (habitación)	teilen (Zimmer)
completo	ausgebucht
compostura	Reparatur
comprar	kaufen
con	mit
condimentar	würzen
conejo	Hase
confiar	vertrauen
conmigo	mit mir
conocer	kennen
conocerse	sich kennenlernen
conocido	bekannt
conseguir	bekommen
conserje (m)	Hausmeister
construir	bauen
consultorio	Praxis (Arzt-)
contado	in bar
contaminación (w)	Verschmutzung
contar	erzählen, zählen
contenido	Inhalt
contento	zufrieden
contestar	antworten
contra, (estar) en	dagegen (sein)
contrato	Vertrag
convencido	überzeugt
conversar	sich unterhalten
corazón (m)	Herz
corbata	Kravatte
correo(s)	Post
cortar	schneiden (ab-)
corte (m)	Haarschnitt
cortina	Gardine
cosa	Sache
costar	kosten
creer	glauben
crema	süße Sahne
crema dental	Zahnpasta
criollo	argentinisch
cruel	grausam
cuadra	Häuserblock
cuadro	Bild
cuenta	Rechnung
cuero	Leder
cuidar	aufpassen
culpa	Schuld
cumpleaños (Mz)	Geburtstag
cumplir	erfüllen
cumplir años	Geburtstag haben
curita	Pflaster

CH

champú (m)	Shampoo
chapa	Autokennzeichen
charlar	sich unterhalten
chica	Mädchen
chico	klein; Junge
¡chin-chin!	Prost!
chompa	Pullover

D

danzar	tanzen
dar	geben
darse cuenta de	bemerken
de	aus, von
debajo de	unter
deber	müssen
decidirse	sich entscheiden
decir	sagen
declarar	erklären
dedo	Finger; Zeh
dejar	lassen
delante	vorne
delante de	vor (örtl.)
deletrear	buchstabieren
demasiado	zuviel
demorar	dauern
dentífrico	Zahnpasta
dentista	Zahnarzt
dentro	drinnen
departamento	Wohnung
depender	abhängen
deporte (m)	Sport
derecha, a la	rechts
derecho	Recht
desayuno	Frühstück
descansar	sich ausruhen, erholen
descuento	Rabatt
desde	aus; seit (zeitl.)
desear	wünschen
desilusionado	enttäuscht
despacho	Büro
despacio	langsam
despertarse	aufwachen

después	später
después, a	nach (zeitl.)
destapador (m)	Korkenzieher
destino	Ziel
destornillador (m)	Schraubenzieher
detenerse	stehenbleiben
detergente (m)	Spülmittel
detrás	hinten
detrás de	hinter
día (m)	Tag
diario	Zeitung
dibujo	Bild
diente (m)	Zahn
diferencia	Unterschied
diferente	verschieden, unterschiedlich
difícil	schwierig
dinero	Geld
Dios	Gott
dirección (w)	Adresse; Richtung
directorio	Telefonbuch
disco	Platte
discoteca	Disko
diseño	Zeichnung
disfrutar	genießen
divertido	lustig
divertirse	sich vergnügen
doblar	abbiegen
documento de identidad	Personalausweis
doler	weh tun
dolor (m)	Schmerz
donar	spenden
dormir	schlafen
ducha	Dusche
duda	Zweifel
dueño	Eigentümer
durante	während
duro	hart, fest

E

económico	billig
edificio	Gebäude
efectivamente	wirklich
efectivo	in bar
ejemplo (por ...)	Beispiel (zum ...)
eléctrico	elektrisch
elegir	auswählen
embajada	Botschaft
empezar	anfangen
en	in, an
en (mi) casa	zu Hause (bei mir)
enamorado	verliebt
enamorarse	sich verlieben
encantado	erfreut
encender	anschalten
encontrar	finden
encontrarse	sich befinden
encuentro	Treffen
enfermera	Krankenschwester
enfermo	krank
enfrente de	gegenüber
ensalada	Salat
entender	verstehen
enterarse de	etwas merken
entero	ganz
entonces	dann
entrada	Eingang
entrar	reingehen
entre	zwischen (örtl.)
enviar	schicken
envolver	einpacken
equipaje (m)	Gepäck
equivocarse	sich irren
escribir	schreiben
escritorio	Büro
escuchar	hören
escuela	(Grund)Schule
eso	das da
español	spanisch; Spanier
española	Spanierin
especialmente	besonders
espectáculo	Schauspiel (Vorstellung)
espejo	Spiegel
esperar	hoffen, warten
esposa	Ehefrau
esquí (m)	Ski
esquiar	Ski fahren
estación de ferrocarril (w)	Bahnhof
estación de servicio (w)	Tankstelle
estacionar	parken (Auto)
estado	Staat; Zustand
estancia	Farm
estar	sein, sich befinden

este	dies
estrecho	eng
estropeado	kaputt
estudiar	lernen
estúpido	doof
examen (m)	Prüfung
excelente	ausgezeichnet
excursión (w)	Ausflug
éxito	Erfolg
explicar	erklären
extranjero	ausländisch
extrañar	sich wundern

F

fábrica	Fabrik
fácil	leicht, einfach
facultad (w)	Universität
falso	falsch (Irrtum)
faltar	fehlen
farmacia	Apotheke
faro	Scheinwerfer
favor, (estar) en	dafür (sein)
fe (w)	Glaube
felicidades (Mz)	Glückwunsch
feliz	glücklich
feo	häßlich
ficha	Stecker
ficha (telefónica)	Telefonmünze
fiesta	Fest (Feier)
fin (m)	Ende
fin de semana (m)	Wochenende
fin, por	endlich
finalmente	endlich
fino	dünn, fein
firma	Unterschrift
flor	Blume
fondo, en el	dort hinten
formar fila	sich anstellen
fósforo	Streichholz
frase (w)	Satz
frazada	Decke
frecuentemente	oft
frío	kalt
fruta	Obst
fuego	Feuer
fuente (w)	Quelle
fuerte	stark
fumar	rauchen
función (w)	Vorstellung (Kino, Theater)
funcionario	Beamter
fútbol (m)	Fußball

G

gamuza	Wildleder
ganado	Vieh
ganar	gewinnen, verdienen
ganas (Mz)	Lust
gas oil (m)	Diesel
gaseosa	Getränk (Cola etc.)
general, en	allgemein
gente (w,Ez)	Leute
gerente (m)	Geschäftsführer
girasol (m)	Sonnenblume
giro	Überweisung (Bank)
gobierno	Regierung
golpe (m)	Schlag
gomería	Reifenwerkstatt
góndola	Regal (im Supermarkt)
grabador (m)	Kassettenrecorder
¡gracias!	danke!
grande	groß
grasa	Fett
gringo	Ausländer
gritar	schreien
grueso	dick
guía (m)	Reiseführer
gustar	gefallen, schmecken
gusto	Geschmack
habitación (w)	Zimmer
habitante (m)	Einwohner
hablar	sprechen
hace	seit (zeitl.)
hace (dos meses)	vor (zwei Monaten)
hacer	machen, tun
hacerse (Beruf)	werden
hacia	zu, nach
hambre (el)	Hunger
harina (el) (w)	Mehl
hasta	bis (zeitl.)
hay	es gibt
heladera	Kühlschrank

helado	Eis
hermoso	schön
herramiento	Schloß (Tür-)
hervir	kochen (sieden)
historia	Geschichte
hoja	Blatt (Papier/bot.), Zettel
hombre	Mensch; Mann
hora	Stunde
horno	Ofen (Herd)
hospital (m)	Krankenhaus
hoy	heute
huelga	Streik
huevo	Ei
húmedo	feucht

I

ida	Hinfahrt
idea	Idee
iglesia	Kirche
igual	gleich
igual, da	(es ist) egal
imaginarse	sich etwas vorstellen
importante	wichtig
imposible	unmöglich
impresionante	beeindruckend
impuestos (Mz)	Steuern
inglés	englisch; Engländer
intención (w)	Absicht
intentar	versuchen
interior (m)	Landesinnere
interrupción (w)	Unterbrechung
invitado	Gast
invitar	einladen
ir	fahren, gehen
irse	weggehen
izquierdo	linker

J / K

jabón (m)	Seife
jamón (m)	Schinken
jardín (m)	Garten
jardín de infantes (m)	Kindergarten
jefe (m)	Chef
jóven	jung
jubilado	pensioniert
jugar	spielen (Kinder)
jugo	Saft
juguete (m)	Spielzeug
juntos	zusammen
kilo(gramo)	Kilogramm
kilómetro	Kilometer

L

laburar	arbeiten
laburo	Arbeit
lado	Seite (Straße)
lado de, al	neben
lago	See
lamentablemente	leider
lámpara	Lampe (Birne)
lana	Wolle
lápiz (m)	Bleistift
largo	lang; reichlich; großzügig
largo, a lo	längs, entlang
laudo	Trinkgeld
lavar	waschen
lavarropas (m)	Waschmaschine
lavarse	sich waschen
leche (w)	Milch
lecho	Bett
lechuga	Kopfsalat
leer	lesen
lejos	weit entfernt
levantarse	aufstehen
libre	frei
libro	Buch
ligero	leicht (Gewicht)
limpiaparabrisas (Mz)	Scheibenwischer
limpio	sauber
lindo	hübsch
lío	Unordnung, Durcheinander
liso	einfarbig; glatt (Haare)
listo	fertig
living (m)	Wohnzimmer
loco	verrückt
luchar	kämpfen
luego	dann
lugar (m)	Ort, Stelle
luminoso	hell
luz (w)	Licht

LL

llamar	rufen
llamarse	heißen
llave (w)	Schlüssel
llegar	(an)kommen
lleno	voll
llevar	mitnehmen, tragen
llorar	weinen
llover	regnen
lluvia	Regen

M

macanudo	verrückt
madera	Holz
madre (w)	Mutter
mal	schlecht
maluco	verrückt
mandar	schicken
manejar	fahren (lenken)
manera	Art
manga larga	langärmelig
manifestación (w)	Demonstration
mano (w)	Hand
manteca	Butter
mañana	morgen, Morgen
mapa (m)	Landkarte, Stadtplan
maquillarse	sich schminken
máquina	Maschine
mar (m)	Meer
mareado	schwindelig
marido	Ehemann
martillo	Hammer
más	mehr
más o menos	ungefähr
matar	töten
matrimonio	Ehe
mayor	größer, älter
mayor (m)	Erwachsener
médico	Arzt
medio	halb
mediodía (m)	Mittag
mejillón (m)	Muschel
menos	weniger
menudo, a	oft
mercado	Markt
mes (m)	Monat
mesa	Tisch
micro	Bus
miedo	Angst
¡mierda!	scheiße!
migración (w)	Einwanderungsbehörde
milanesa	Schnitzel
mínimo, por	mindestens
mirar	ansehen, schauen
mismo	gleich
mixto	gemischt
mojado	feucht
moneda	Münze
montón, un	viel, eine Menge
morir(se)	sterben
mostrar	zeigen
moto (w)	Motorrad
mover	bewegen
mozo	Kellner
mucama	Putzfrau, Zimmermädchen
muchacha	Mädchen
muchacho	Junge
mucho	viel
mucho ojo	Achtung
mudarse	umziehen (Wohnung)
muebles (Mz)	Möbel
muela	Zahn
mundo	Welt
muñeca	Puppe
muy	sehr

N

nacer	geboren werden
nadar	schwimmen
nafta	Benzin
naftero	Tankwart
navaja	Taschenmesser
navidad (w)	Weihnachten
necesario	notwendig
necesitar	brauchen
negocio	Geschäft
nevar	schneien
nieve (w)	Schnee
ningún	kein
niño	Kind
no	nein, nicht

noche (w)	Nacht
nombre (m)	Vorname
norte (m)	Norden
notar	aufschreiben
noticias (Mz)	Nachrichten
nube (w)	Wolke
nuevo	neu
nuevo, de	wieder, von neuem
número	Nummer
número de teléfono	Telefonnummer

O

obra social	Krankenkasse
obrero	Arbeiter
observar	beobachten
oeste (m)	Westen
oferta	Sonderangebot
oficina	Büro
ofrecer	anbieten
oir	hören
ojalá	hoffentlich
ola	Welle
olvidar	vergessen
onda	Welle
operario	Angestellter
opinar	meinen
opinión (w)	Meinung
oportunidad (w)	Gelegenheit
oreja	Ohr
orilla	Ufer
oro	Gold
otro	anderer, noch ein

P

pa'	für
padre (m)	Vater
padres (Mz)	Eltern
pagar	bezahlen
página	Seite (Buch)
país (m)	Land
paisaje (m)	Landschaft
pájaro	Vogel
palabra	Wort
paloma	Taube
pampa	Steppe
panadería	Bäckerei
pantalón (m)	Hose
papel (m)	Papier (Blatt)
papel higiénico (m)	Toilettenpapier
paquete (m)	Paket
para	für
para que	damit, um zu
parada	Haltestelle
paraguas (m)	Schirm
pararse	anhalten
parecer	scheinen
pared (w)	Wand
parrilla	Grill (im Haus)
parte (w)	Teil
partir	abreisen
partir de, a	ab
pasacalle (m)	Straßenschild
pasaje (m)	Fahrkarte
pasajero	Passagier
pasaporte (m)	Reisepaß
pasar	passieren
pasar (las vacaciones)	verbringen (Ferien)
Pascua	Ostern
pasear	spazieren gehen
pasillo	Flur
patrón (m)	Chef
pedazo	Stück
pedir	bitten
peinado	Frisur
peinarse	sich kämmen
pelearse	sich streiten
película	Film
peligroso	gefährlich
peluquería	Friseur
pena	Strafe; Mühe
pensar	meinen, denken
peor	schlechter (Umst.)
pequeño	klein
perder	verlieren
perdón (m)	Entschuldigung
perfume (m)	Parfum
permanente (m)	Dauerwelle
permitir	erlauben
pero	aber
perro	Hund
pesado	schwer (Gewicht)
pescar	angeln
peso	Gewicht
piano	Klavier
picante	scharf (gewürzt)
pie (m)	Fuß

piedra	Stein
pierna	Bein
pila	Batterie
pileta	Waschbecken
pimentón (m)	Paprikapulver
pimienta	Pfeffer
pino	Tannenbaum
pintar	(an)malen
pintor (m)	Maler
piscina	Schwimmbad
piso	Etage, Stockwerk
placard (m)	Schrank
plancha	Bügeleisen
planchar	bügeln
planta baja	Erdgeschoß
plástico	Plastik
plata	Silber; Geld
platea	Parkett (Theater, Kino)
plato	Teller
playa	Strand
playa de estacionamiento	Parkplatz
plaza	Platz
plomero	Klempner
pobre	arm
poco	wenig
poder	können
policia federal	Polizei
pollera	Rock
poner	legen
ponerse	anziehen; werden
por	durch, wegen
¡por favor!	bitte!
posible	möglich
postergar	verschieben (zeitl.)
postre (m)	Nachtisch
pozo	Schlagloch
práctica	Übung
practicar	üben
precio	Preis
preferir	lieber tun, bevorzugen
preguntar	fragen
prender	anschalten
preocuparse	sich Sorgen machen
preparar	vorbereiten, zubereiten
presentar	vorstellen (jmd.)
presentarse	sich vorstellen (bekanntmachen)
previamente	im voraus
primaria	Grundschule
primero	erster; zuerst
probar	probieren
prode (m)	Lotto
prohibir	verbieten
prometer	versprechen
pronto	bald
propina	Trinkgeld
propuesta	Vorschlag
provenir	kommen (stammen) aus
próximo	nächster
pueblo	Dorf
puerta	Tür
puerto	Hafen
pues	also
punto	Punkt
puntualmente	pünktlich
puro	echt

Q

que	daß
quedar	übrigbleiben
quedarse	bleiben
querer	lieben, wollen
quilombo	Unordnung
quiniela	Toto (Spiel)
quinta	Landhaus
quitar	entfernen
quitarse	ausziehen (Kleidg.)
quizás	vielleicht

R

radicarse	einwandern
radio (w)	Radio
ramo (de flores)	Strauß (Blumen-)
rancho	Hütte
rápido	schnell
raqueta (de tenis)	Schläger (Tennis-)
razón (w)	Grund
realmente (Umst.)	wirklich
recargo	Zuschlag
receta	Rezept

recibir	bekommen
recién	gerade eben
recital (m)	Konzert
reclamo	Beschwerde
recomendar	empfehlen
recordar	sich erinnern
recuerdo	Andenken
recuperarse	sich erholen
redondo	rund
referirse a	sich beziehen auf
regalo	Geschenk
régimen (m)	Diät
región (w)	Gegend
regreso	Rückkehr
reir	lachen
relajado	entspannt
relleno	gefüllt
reloj (m)	Uhr
reparación (w)	Reparatur
repetir	wiederholen
represión (w)	Unterdrückung
repuesto	Ersatzteil
retraso	Verspätung
revisar	untersuchen
revista	Zeitschrift
rico	reich; lecker
río	Fluß
rogar	bitten
romperse	brechen
ropa	Kleidung
rotisería	Grill (Imbiß)
roto	kaputt
rubio	blond
ruido	Geräusch, Lärm
rumbo	Richtung
ruta	Landstraße

S

sábana	Bettlaken
saber	wissen
sacar	(raus)ziehen
sacar boletos	Karten kaufen
sacar fotos	fotografieren
sacarse	ausziehen (Kleidg.)
sal (w)	Salz
sala	Raum
saladito	Salzstange
salida	Ausgang
salir	ausgehen, hinausgehen
salsa	Soße
salud (w)	Gesundheit
saludo	Gruß
sano	gesund
sartén (w)	Pfanne
se	sich; man
seco	trocken
secundaria	Gymnasium
seda	Seide
sédula	Personalausweis
seguida, en	gleich, sofort
seguir	weitermachen, weitergehen
seguramente	sicherlich (Umst.)
seguro	Versicherung
semana	Woche
sencillo	einfach
sentarse	sich setzen
sentirse	fühlen
señor (m)	Herr
señora	Frau
señorita	Fräulein
ser	sein (Verb)
si	ob, wenn, falls
sí	ja
SIDA	Aids
siempre	immer
sierra	Gebirge
siesta	Mittagspause
siguiente	folgend
silla	Stuhl
simple	einfach
sindicato	Gewerkschaft
sino	sondern
sobre	über, auf
sobretodo	Mantel
sol (m)	Sonne
solamente (Umst.)	nur, allein
sólo	allein
sombra	Schatten
sombrilla	Schirm
sopa	Suppe
sordo	taub
soutien (m)	Büstenhalter
suave	weich
subir	hinauffahren, hinaufgehen

subte (m)	U-Bahn
suceder	geschehen
sucio	schmutzig
sueldo	Lohn, Gehalt
suelo	Boden
suerte (w)	Glück
suéter (m)	Pullover
suficiente	ausreichend, genügend
sufrir	leiden
supermercado	Supermarkt
supuesto, por	selbstverständlich
sur (m)	Süden

T

taller (m)	Werkstatt
tamaño	Größe
también	auch
tampoco	auch nicht
tan	so
tanto	soviel
tapa	Titelseite
tardar	dauern
tarde	spät; Nachmittag
tarjeta	Kreditkarte
tarjeta postal	Postkarte
tasa	Gebühr
taza	Tasse
té (m)	Tee
techo	Dach
tela adhesiva	Pflaster
teléfono	Telefon
telenovela	Fernsehserie
temporada alta	Hochsaison
temporada baja	Nebensaison
temprano	früh
tener	haben
tener años	Jahre alt sein
tener hora	wissen, wie spät es ist
tener que	müssen
tenis (m)	Tennis
terminar	aufhören, beenden
testigo	Zeuge
tiempo	Zeit, Wetter
tiempo, a	rechtzeitig
tiempo, mucho	sehr lange (Zeit)
tienda	Geschäft, Laden
tienda de campamento	Zelt
tintorería	chemische Reinigung
típico	typisch
tipo	Typ
toalla	Handtuch
tocadiscos (m)	Plattenspieler
tocar	berühren
tocar (la guitarra)	spielen (Gitarre)
todavía	noch
todo	alles, ganz
todos	alle
tomar	nehmen, trinken
torta	Kuchen
tortilla	Omelett
tostada	Toast
totalmente	völlig
trabajar	arbeiten
trabajo	Arbeit
traer	bringen
traje (m)	Anzug
trámite (m)	Vorgang (bürokratischer)
tranquilo	ruhig
tránsito	(Straßen-)Verkehr
tratar	handeln
tren (m)	Zug
triste	traurig
trozo	Stück
trucho	falsch (gefälscht)
turno, de	an der Reihe

U

ubicación (w)	Ort
último	letzter
único	einzig
universidad (w)	Universität
uno	man, einer
uña	Nagel (Finger)
útil	nützlich
uva	Weintraube

V

vacante (m)	freie Stelle
vacío	leer
vacunación (w)	Impfung

vajilla	Geschirr
valija	Koffer
valioso	wertvoll
valle (m)	Tal
valor (m)	Wert
vario	verschieden, unterschiedlich
vaso	Glas (Becher)
veces, a	manchmal
vela	Kerze
vender	verkaufen
venir	kommen
ventana	Fenster
ventanilla	Fenster
ver	sehen
verdad (w)	Wahrheit
verdura	Gemüse
vereda	Bürgersteig
vestido	Kleid
vestirse	sich anziehen
vez (una)	(ein) Mal
vez, otra	nochmal, wieder
viajar	reisen
viaje (m)	Reise
víbora	Schlange (Tier)
vida	Leben
videograbador (m)	Videorecorder
vidriera	Schaufenster
vidrio	Glas (Material)
viejo	alt
viento	Wind
vínculo	Beziehung
vino	Wein
vino blanco	Weißwein
vino tinto	Rotwein
visitar	besuchen
vista	Aussicht
vivir	leben; wohnen
volver	zurückkommen
volver a hacer	wieder tun
vuelo	Flug
vuelta	Rückfahrt
vuelta, a la	zurück

Y / Z

y	und
ya	schon
ya no	nicht mehr
yerba	Mate (Tee)
zapato	Schuh

Der Autor

O'Niel Annand Valentin Som wurde 1966 in Essen geboren. Zusammen mit seiner Schwester lernte er schon als Kind Spanisch, außerdem auf vielen Reisen nach Spanien und Südamerika. Da Sprachen sein Hobby sind, gab er während seines Studiums Kurse und Unterricht in verschiedenen Sprachen. Er hat dieses Buch in Argentinien während des Praktischen Jahres seines Medizinstudiums geschrieben.

"Man lernt eine Sprache am besten im Land und zusammen mit Freunden. Das Schulbuch-Spanisch unterscheidet sich beträchtlich von der Umgangssprache, besonders in den Ländern Südamerikas. In diesem Buch habe ich vor allem das Castellano der Porteños, der Einwohner von Buenos Aires, berücksichtigt."

Kritik oder Verbesserungsvorschläge können an den Verlag adressiert werden.